河北省社会科学基金项目（项目编号：HB21YJ001）

康养产业
服务质量与供应链优化

Service Quality and Supply Chain
Optimization of Health Care Industry

张明莉　著

中国财经出版传媒集团

经济科学出版社

Economic Science Press

图书在版编目（CIP）数据

康养产业服务质量与供应链优化／张明莉著 . —北京：经济科学出版社，2022.3

ISBN 978 - 7 - 5218 - 3481 - 9

Ⅰ.①康⋯　Ⅱ.①张⋯　Ⅲ.①养老 - 服务业 - 服务质量 - 质量管理 - 供应链管理 - 研究 - 中国　Ⅳ.①F726.99

中国版本图书馆 CIP 数据核字（2022）第 042289 号

责任编辑：胡成洁
责任校对：王肖楠
责任印制：范　艳

康养产业服务质量与供应链优化

张明莉　著

经济科学出版社出版、发行　新华书店经销

社址：北京市海淀区阜成路甲 28 号　邮编：100142

经管中心电话：010 - 88191335　发行部电话：010 - 88191522

网址：www. esp. com. cn

电子邮箱：espcxy@ 126. com

天猫网店：经济科学出版社旗舰店

网址：http：//jjkxcbs. tmall. com

北京季蜂印刷有限公司印装

710 × 1000　16 开　9.5 印张　150000 字

2022 年 3 月第 1 版　2022 年 3 月第 1 次印刷

ISBN 978 - 7 - 5218 - 3481 - 9　定价：46.00 元

（图书出现印装问题，本社负责调换。电话：010 - 88191510）

（版权所有　侵权必究　打击盗版　举报热线：010 - 88191661

QQ：2242791300　营销中心电话：010 - 88191537

电子邮箱：dbts@ esp. com. cn）

本书为河北省社会科学基金重点项目"河北省中医药融入康养产业发展路径与模式研究"（项目编号：HB21YJ001）成果。

前　　言

健康是人民最具普遍意义的美好生活需要，在 2016 年 8 月召开的全国卫生与健康大会上，习近平同志提出"将健康融入所有政策，人民共建共享"的重要内容，强调"没有全民健康，就没有全面小康，要把人民健康放在优先发展的战略地位"。随着《"健康中国 2030"规划纲要》的出台，健康中国的建设已上升为国家战略，旨在全方位保障人民健康。在当前人口老龄化水平加速和疾病谱变化、健康领域投入不足的形势下，老年康养服务的需求不断增大，人民生活水平不断提高，使得老年人对康养服务水平及多样化提出了更高的要求，如何提升康养服务质量、优化康养服务供应链引发了学者们的积极探讨。本书以"健康中国 2030"和积极应对人口老龄化为背景，以康养服务中的老年康养服务为重点，建立多个数学模型，将 TFN – AHP 模型、BP 神经网络、系统动力学、博弈论应用到康养服务质量的评价及养老服务供应链的优化中，从科学的角度提出提升老年康养服务质量和优化老年康养服务供应链的政策建议，并为后续研究奠定基础。

首先，在梳理当前老年康养服务主要内容的基础上，将老年康养服务分为生活照料、医疗护理、文化娱乐、精神慰藉四个方面，运用 SE-RVQUAL 模型从可靠性、保证性、响应性、有形性、移情性、可接受性等方面建立老年康养服务质量评价指标体系，通过专家调查法对各指标重要程度打分，采用 TFN – AHP 模型确定康养服务质量评价指标权重，为后续测度老年人对康养服务的满意度提供模型方法。

其次，对提出的老年康养服务质量模型进行优化。使用三角模糊数在一定程度上能够降低 AHP 在专家打分时的主观性影响，为了使评价结果更加精确，本书对模型进行进一步优化。运用因子分析法对指标体系中的指标进行筛选，得到影响老年康养服务质量的关键因素并进行检验。进一步使用 BP 神经网络优化评价模型，提高评价模型准确度，为提升服务质量寻求科学依据。

再次，建立了老年康养服务供应链结构的系统动力学模型。将康养服务供应链主体分为服务供应商、集成商和老年人三个部分，将这三个部分设为康养服务供应链系统动力学模型的三个子系统，并基于系统之间的资金流、信息流以及系统实际运作设置各子系统变量，梳理各变量之间的因果关系，采用 Vensim 软件画出系统因果反馈回路和流图，构建康养服务供应链系统动力学结构模型，通过 Dynamo 仿真明晰其运作机理，解构养老服务供应链的动态结构，分析康养服务的供需现实格局，找出当前康养服务供应链存在的问题。

最后，对老年康养服务供应链进行优化。针对当前康养服务质量及服务供应链中存在的问题，从质量改进和社会责任两方面着手，求解考虑养老服务提供商的质量改进和基于养老服务集成商社会责任的康养服务供应链质量控制模型的纳什均衡解，根据纳什均衡解选择出三种有效的质量控制策略，并对策略进行数值仿真。提出以需求为导向的康养服务质量提升和服务供应链优化策略，为康养服务发展提供新思路，促进养老事业快速发展，为后续开展相关研究奠定坚实理论和定量研究基础。

感谢燕山大学胡海菊、张艺杰、秦思萌、刘蕊、李宝俊、崔会巧等在本书写作过程中给予的大力支持。

本书作为康养产业服务质量和供应链研究的一种尝试，力求抛砖引玉。在写作过程中，汲取了诸多已有研究成果，在文献引用的记录方面难免疏漏，在此一并致谢。由于作者学识有限，书中不妥和错误之处在所难免，敬请专家学者和广大读者批评指正。

张明莉

2021 年 12 月

目　　录

第 *1* 章

绪　　论

　　根据国家统计局历年公布的数据，我国老龄化人口不断增加，老龄化程度加剧。与此同时，我国的亚健康人口比例不断攀升，中国保健学会对 16 个人口百万以上城市的调查结果显示，处于亚健康状态人口约达 7 亿，亚健康比例达到 70% 以上，北京居首位，高达 75.30%，上海 73.48%、广州 73.41%，并呈上升趋势，人口亚健康形势严峻。有专家评估，中年人由于生理状况、体力状况、免疫力的下降，同时生活压力的上升使其心理上承受巨大压力，众多不利于身体健康的因素使得中年人成为亚健康高发人群。此外，随着生活环境的改变，升学、就业等压力使得近年来亚健康人口不断年轻化。亚健康和老龄化不断催生康养需求。

　　随着健康中国行动政策机制不断完善，全民健康素养水平稳步提高，2020 年全国居民健康素养水平达到 23.15%，较 2018 年提升了 6.09 个百分点，人们对生活质量和身心健康的关注越来越多。

　　在"健康中国"国家战略背景下，康养产业已经成为新常态下经济增长的重要引擎。康养产业的服务质量和供应链结构优化是康养产业发展的关键，本书以老年人康养服务为研究对象，从定量的角度提出提升服务质量、优化服务供应链的对策建议，为后续的研究提供依据。本章主要对研究背景、研究意义、研究现状、内容及方法等进行论述。

1.1　研究背景

1.1.1　康养产业兴起

产业结构演进是一个长期的发展趋势，短期变动可能因为某些非经济因素的影响而发生偏离（张明莉，2010）。21世纪以来，我国经济快速发展，产业结构脱离需求结构的状态逐渐改善，各项产业发展取得重大成就（Zhang，2020）。但经济发展同时也伴随着愈加严重的人口老龄化等问题，国家频繁布局，试图探索人口老龄化问题解决的新思路。随着以"健康中国"为核心的战略的部署，康养产业逐渐兴起。从产业角度出发，康养产业是健康产业和养老产业的结合，康养产业的兴起得益于健康产业和养老产业的发展基础，"健康中国"战略的实施为康养产业的兴起和发展提供了重要机遇，创造了更多的发展机会，使得康养产业的发展有了根本遵循。

我国康养产业的兴起，是国家建设健康中国的必然选择，是响应国家政策的重要举措，是国家经济发展和社会进步的产物。

1.1.2　康养需求迫切

根据第七次人口普查数据，我国60岁及以上人口的占比达到18.70%，其中65岁及以上人口占比达到13.50%，老龄化人口庞大。与此同时，老年人口的比例也在不断增长，2010～2020年，60岁及以上人口比例上升了5.44%，65岁及以上人口比例上升了4.63%。老龄化进程速度明显加快。国家统计局预测，到2050年，全球老龄化人口将达到20.2亿，其中4.8亿在中国。由此可见，我国老龄化形势不容乐观。

人口老龄化不是仅存在于某个国家或者某个地区的个例，而是现代化进程的必然结果，造成老龄化的原因有很多。国家统计局数据显示，2020 年我国育龄妇女总和生育率仅为 1.3，已经处于较低水平。与此同时，老年人的平均寿命已经达到了 75 岁，人口结构发生变化。

当前我国面临的人口老龄化问题，不仅表现为老年人数量庞大，而且表现为"空巢老人"现象突出。城市中，由于年轻人外出求学、工作，老年人处于独居的状态。在农村，年轻人为了更好地生活选择外出打工，只剩下丧失劳动能力甚至生活不能自理的老人，家庭养老显得"心有余而力不足"。我国人口普查数据显示，农村 65 岁以上的老人占比比城市高出 6.61%，老龄化问题相较城市更为严重。面对如此庞大的群体，老年康养服务的需求不断提高，传统机构养老提供的服务已经不能满足社会需求。

除了老龄化现状带来的养老需求，孕幼、青少年、中老年等各个年龄的人群，都存在不同程度、不同类型的康养需求。妇幼婴幼康养是康养的分支，表现为以医疗保健为主，产后恢复、胎儿早教、妇幼膳食、小儿推拿等为辅的一系列健康需求。青少年的康养需求，更多追求运动养生，如自行车、攀岩、跑步等。中老年人追求休闲养生和养性养生，如美容足疗、品茶、温泉疗养、中医养生、膳食养生等。综上可见，目前康养产业呈现市场需求庞大，发展前景广阔。

1.1.3 相关政策支持

近年来，政府出台了许多政策支持康养产业发展。2015 年，国务院指出通过医养、康养结合，打通健康养老的"最后一公里"，推动医养结合促进养老产业快速健康发展，让健康养老服务落到实处。2017 年，工信部、民政部和国家卫健委联合发布《关于开展智慧健康养老应用试点示范的通知》提出要建设一批示范企业、乡镇和基地，推动智慧健康养老产业发展和应用推广。2020 年，国务院发布《关于促进养老托育服务健康发展的意见》，指出打造创新融合、包容开放的发展环境，提高人才要素供给能力，促进康养融合发展。同时，多省组织康养职业技能培训、健康养老教育培训等，政府部门从带动本地经济发展出发，立足本地经济发展特点，支持康养产业集群发展（张明莉，2011）。

然而，目前我国的康养服务建设还处于起步阶段，在具体的实行过程中仍存在很多问题，比如缺乏专业的技术人员，尤其缺乏既懂管理又懂技术的综合性人才，除此以外，中老年人健康意识薄弱、积极性不高等问题都让康养供应链发展困难。康养产业供应链的发展需要政府、企业、医疗机构、社区居民等共同作用。

1.2　本书研究意义

1.2.1　理论意义

（1）以老年康养服务为例，提出改进的康养服务质量评价模型。本文运用 SERVQUAL 模型和 TFN – AHP 模型构建老年康养服务质量评价模型，并采用 BP 神经网络对模型进行优化，创新性地将 BP 神经网络应用到老年康养领域，搭建一个更加精准的老年康养服务评价模型，这样使得评价结果更加精准，为研究老年康养服务质量提供了参考，具有较强的理论价值。

（2）优化康养服务供应链控制策略。充分考虑服务质量偏好和社会责任等因素，采用纳什均衡，找到集成商和供给商之间的最佳策略，帮助老年人、社区、家庭更好地应对老龄化，扩展康养服务供应链研究的广度。

1.2.2　实践意义

（1）为康养服务的优化提供方向。以老年人为重点，帮助康养服务机构分析老年人的需求从而提供合理的服务，并为康养服务机构的服务优化提供了参考，也有利于康养服务供应链整体效率的提高。

（2）提高公共资源的配置效率。通过优化康养服务供应链各环节，减少康养服务供应链的时间成本和服务成本，从而提高公共资源的配置效率。

（3）有利于对康养服务机构进行考核和监督。帮助政府、社会各界对康养现状有清晰的了解，对政策实施进行监督，更好地满足人们的康养需求，从而提高生活质量。

1.3 研究现状

1.3.1 康养产业研究综述

康养产业是为社会提供康养产品和服务的各相关产品的业态总和。根据消费市场、市场需求、关联产业、资源差异和地形地貌又可以衍生出不同的康养产业类型。本书主要针对老年康养产业进行研究，老年康养产业包括养老、医疗、旅游、老年文化等产业。

国外康养产业的发展比较早。16 世纪，德国巴登度假小镇依托温泉疗养，发展旅游、养生产业。19 世纪 40 年代，随着第一个森林沐浴基地的出现，森林康养走进人们的视野，这些是早期利用自然资源给老年人提供服务的"自然康养"。1865 年，意大利成立农业与旅游全国协会，用来集合城市居民体验乡村的自然趣味（Krou，1985）。20 世纪中叶，羊胎素美容、抗老等体验项目开始出现。20 世纪 70 年代，西方国家开始出现乡村旅游模式，基于老年人需求特点，为老年人提供"旅游 + 养老"服务（Skelleyb，2004）。此后，有学者提出了健康护理旅游的概念（Gustafson，2002）。现在，康养项目不断升级并且形成很多融合"旅游、医疗、养老、运动"为核心的景点，其中具代表性的是瑞士达沃斯小镇、法国波尔多庄园等。

国内康养产业的起步相对较晚，早期主要依托生态资源为小众群体提供养生、保健康复服务。2013年，国家出台各种政策发展康养产业，逐渐出现旅居康养、中医药康养等康养模式。

近几年国内学者对康养产业进行的探讨，主要从康养产业的发展环境、发展趋势、康养产业面临的问题三个角度出发。从发展环境来说，康养产业的发展受到国家政策、资源和市场需求等因素影响，此外，人才也是驱动康养产业发展的重要因素（宋丽梅、张如勇，2021）。康养产业的发展还需要税收优惠政策，同时也离不开法律的保障（杨复卫，2020）。从康养产业发展趋势来说，发展专业化老年康养机构能够促进康养产业中"医养"方面的融合（顾旭东，2014）。随着康养产业不断发展，"旅游"＋"养老"逐渐兴起（任宣羽，2014）。从选择康养服务的目的方面来说，有研究认为康养旅游能够使游客心情愉快，身心放松（任宣羽，2016）。有学者对康养旅游进行研究，认为康养旅游除了关注环境，还重点关注康养氛围、人文条件及娱乐设施等（何莽，2017）。运动康养也是未来的康养发展趋势之一，其主要包括森林瑜伽、健身疗养、陡坡登山、森林登山等形式（李梓雯、彭璐铭，2017）。有学者把森林资源与医疗、养生、运动休闲、健康、养老等有机融合，即森林养老，这种方式是健康中国内容的补充（陈心仪，2021）。康养离不开信息技术，通过建立"互联网＋老年康养体系"，满足老年人的多样化需求（李伟霞、李忱，2021）。从康养产业面临的问题来说，有学者认为康养行业内缺乏专业人才，尤其缺乏既懂管理又懂技术的综合性人才（张洋等，2017）。资金是产业发展的基础，社会对康养投资积极性不高导致康养产业施工缓慢，政府应当加强加大财政补贴力度（郑贵军，2019）。

1.3.2 康养服务质量评价研究现状

现有老年康养服务质量评价主要集中于养老服务质量的评价，本节将从评价的内容和方法两个方面进行研究现状的梳理。

对康养服务质量评价内容进行研究。有学者通过实地调研确定老年人人口特征、文化程度、娱乐活动、经济能力等评价指标，继而建立服务质量模型对养老质量进行评价（Mueller，Arling，Kane，2006）。从养老机构自身出发，加入了养老机构管理体系、服务人员配置、基础设施等内容，进一步完善了质量评价的指标，改善养老服务质量（Ian Philp，William，2004）。从养老服务人员的角度出发，认为服务人员对老年人需求的响应速度和服务项目齐全性等也会影响老年人满意度，进而影响养老服务质量（Taylor，1992）。有学者认为养老机构人员配比及协调配合程度会对养老机构产生影响，应该明确岗位人员调配比例，制订方案并不定时进行修改，通过改善人力资源配置问题为老年人提供高质量的养老服务（Anderson，2000）。养老服务质量的维度设定为三个方面：资源、管理、成果。资源代表养老机构拥有的服务能力，管理指的是养老各类人员的日常活动，成果即老年人满意程度（Castle，2008）。总体来说，三者共同影响养老评价结果，这种维度划分清楚明了，三个层次覆盖了所有内容。同时，在现有学者的研究基础上加入养老床位数量及安置指标，认为其会对老年人的身体健康情况产生影响，进而影响老年人服务质量（Natalie，Gozalo，2012）。

目前国内对于老年康养服务质量研究较少，相关研究主要是针对各类养老机构提供的老年康养服务质量进行。早期有学者构建了一个包括助医、助洁、助餐、助乐四个子维度的二阶养老服务质量评价模型，对上海市社区居家养老服务质量进行评价（章晓懿、梅强，2011）。类似地，有学者构建了基于日常生活照料、医疗护理健康及精神慰藉三个层面的养老服务模型，通过洞察老年人需求而对居家养老服务水平进行优化（王建云、钟仁耀，2019）。在此基础上，有学者认为应当满足老年人个性化娱乐需求，即在基础照料需求如就餐等需求的基础上提出了新的需求，个性化娱乐需求也是养老服务质量评价的一个重要维度（王立剑等，2017）。这些都是根据老年人的需求进行服务质量评价。也有学者从多角度对服务质量进行评价。例如，有学者从医养结合的角度建立评价指标体系，根据专家意见修改指标，采集京津冀地区的 20 个社区居家养老服务中心和社区日间照料中心的调研数据，根据评价结果设计了社区居家养老服务中心的建设和改进建议

（朱亮等，2019）。有学者从评估主体、评估对象、评估方法几方面构建了我国内地政府购买居家养老服务的质量评估体系，对比了英国、日本和中国香港关于老年康养服务质量评估经验（胡光景等，2012）。也有少数学者对居家养老服务质量进行研究，从家庭医生制度背景下提出居家养老服务质量，并从居家养老服务体系、服务提供人员的专业能力、社区信息化建设、制定居家养老服务质量标准四方面出发，对养老服务进行评价（谭哲煜等，2018）。此外，学者们还对城市老年康养服务质量进行了定性分析，认为老年康养服务具有公共性、公平性、福利性，并建议提升老年康养服务质量水平（单奕，2015）。国外学者对康养服务质量的研究以采用 SE-RVQUAL 模型的居多，有学者对老年人在福利机构的状况进行分析，在 SERVQUAL 模型中加入信任性维度，对有形性、可靠性、移情性、响应性、保证性、信任性六个维度的养老服务质量评价指标进行评价，结果表明可靠性指标对老年人生活质量影响程度最高，有形性对老年人生活质量的影响程度相对较小（Kim et al.，2013）。之后学者从医疗护理角度出发，使用 SERVQUAL 模型对养老服务质量进行评价，构建了 6 个维度、27 个二级指标的养老评价体系，结果表明服务人员素质和技能对评价结果影响程度高（Ludwig、Lapré，2013）。也有一部分学者将 MDS 评价工具应用于服务质量的评价，采用 MDS 2.0 对养老数据进行分析，认为组织环境会对老年人人际交往产生影响进而影响养老服务质量评价的结果（Chamberlain，2017）。

相比于国外，国内服务质量评估方法比较广泛。比较常用的是模糊综合评价法，通过建立老年康养服务质量评价指标体系，使用模糊综合评价法对我国一线城市的老年康养服务质量进行评价，得到影响老年康养服务质量的重要因素，为老年康养服务发展提供可靠的依据（廖楚晖，2020；陈树文，2020）。除了使用模糊综合评价法，还有学者采用了魅力质量理论、Topsis 法等方法研究老年康养服务质量，通过对老年人的需求层次、服务项目共计排序，认为各年龄组的老年人对医疗、休闲等公共服务的需求高于个性化的付费项目，年龄越大的老年人对生活照料、紧急救助的需求越大（王建云、钟仁耀，2019）。学者们对评价指标的建立也做了相关研究，借助 SERVQUAL 模型建立评价指标是较为常用的方法，从有形性、可靠性、移情性、经济性、时效性五个维度或有形性、可靠性、移情性、响应性、保证性五个维度建立养老服务质量评价指标体系和医养结合服务质量评价指标体系，对城镇和农村的养老服务质量进行评价，结果表明我国医疗结合服务质量还有待提高（徐倩、尹欣欣，2020），并针对存在的问题为城镇社区养老服务质量的发展提出了建议（宋凤轩、丁越、尤扬，2014）。此外，还有学者从服务内容出发，从生活照料、医疗护理、精神慰藉、参与度、安全保障五个层面找出影响服务质量的因素，并利用粗糙集的方法提高了问卷数据统计的准确性（蔡中华等，2016）。

国内很多学者对养老服务评价的影响因素进行分析。有学者基于老年人个体差异视角下对城市机构养老服务质量评价的影响因素进行分析，认为服务质量评价受老年人的经济来源、年龄和月收入三方面的影响，除此之外，性别、入住原因、身体状况、文化程度对医疗服务和精神慰藉服务产生不同程度的影响，而婚姻状况对服务质量是没有影响的（赵娜、方卫华，2018）。有学者使用多元方差分析对上海市社区居家养老服务的抽样数据进行分析，以个体差异视角找出影响社区居家养老服务质量的因素（章晓懿、刘邦成，2011）。温海红将影响养老服务质量的因素分为制度因素、经济因素、人员因素、个人因素、技术因素五个方面，并运用有序多分类回归测量各因素对养老服务质量的影响程度，研究认为当前养老服务质量并不高，政策支持对养老服务有着显著的正向影响，应进一步健全政策体系，促进信息化技术创新，提高服务人员的专业水平来提升养老服务质量（温海红，2019）。陆杰华（2019）基于需求视角对老年人对社区居家养老服务的满意度进行了分析，认为当前养老供需匹配还存在问题，服务水平和专业程度不高，并基于此提出了改进建议。

1.3.3　康养服务供应链及运作研究现状

服务供应链的研究起源于 21 世纪，研究初始阶段，人们对供应链仅有简单的理解，认为世界是个整体，由各个链条连接到一起。以电信行业为研究对象，研究供应链中存在的牛鞭效应，是将供应链应用于服务行业所进行的最早的服务供应链研究（Akkerman，2000）。此后，一些学者认为服务供应链是由产品服务转变而来（Dirk de Waart，2004），也有学者将服务供应链定义以服务为主导的集成供应链，当客户提出服务请求后，由服务集成商立刻响应或分解客户的服务请求，由服务供应商提供服务（Ellram，Tate，2003）。随着服务供应链概念定义越来越丰富完善，许多学者开始将研究向不同领域的服务供应链进行拓展，探讨服务供应链运作流程，并对不同竞争下供应链各个主体协调机制进行分析（Hu，Tang，2008；Niu，2013）。

随着服务供应链理论研究体系和应用领域日益完善，养老服务供应链也逐渐引起学术界的重视。本书重点关注康养服务中的老年康养部分，研究服务供应商、集成商和老年人组成的多级供应链。在养老服务供应链的管理研究方面，则针对供应链中资源利用率低和供需不平衡的问题，提出集群式供应链，增宽集成商和供应商、集成商与集成商之间信息服务资源共享渠道，实现多条供应链的相互协调优化管理（石园等，2018）。高秋萍通过对江苏省居家养老服务供给与需求现状分析，构建了居家养老服务供应链网络模型，梳理居家养老服务供应链的运营基础与业务流程，提出关键运营策略的建议（高秋萍、韩振燕，2019）。有学者从供应商角度出发，认为供应链中供应商起到举足轻重的作用，应该加强对供应商的选择，通过对供应商进行选择提高服务质量（张智勇、赵俊、石园，2014）。从老年人和服务人员出发，马跃如等学者以康乃馨国际老年生活示范城为调研样本，通过对老年人和服务人员的访谈资料进行编码，利用构建的养老服务供应链风险分析框架从多个角度进行分析，给出养老服务管理建议（马跃如、刘旖旎，2020）。基于养老服务供应链服务质量与老年人服务满意度构建模型，讨论无契约、惩罚契约、收益共享契约三种情境下养老服务供应链均衡利润和养老服务质量的影响，得出惩罚契约和收益共享契约在实际运营中的变化关系（马跃如、易丹，2020）。有学者对供应链的研究进行创新，依据绩效评价和优化政策，通过构建供应链绩效评价指标体系，对绩效进行评价，提高养老服务质量（张智勇、赵俊、石永强，2013）。

在康养服务供应链运作研究方面,一些学者对养老服务运营模式进行分析。学者们研究了养老服务运营存在资源配置、管理等问题,提出从科学选择供应商、提高集成商服务质量、完善风险管理系统角度创新运营模式(吴甜甜,2018)。从服务供应链的运营风险角度,马跃如(2020)认为政府、集成商、提供商和老年人等不同主体存在政策风险、流动性风险、供给风险,管理风险与信任风险是养老供应链面临的主要风险(马跃如、易丹、胡韩莉,2020)。

1.3.4 文献评述

对已有研究进行总结发现,康养产业的相关研究相对较欠缺。首先,康养产业研究主要从康养产业的发展环境、发展趋势、康养产业面临的问题这三个角度出发,缺乏对康养产业概念的研究。其次,康养产业服务质量评价比较少,大多数研究为定性研究,没有用统计学方法进一步验证,缺乏老年康养服务质量评价的定量分析,现有的文献建立的老年康养服务质量评价指标体系较为复杂,没有统一标准。最后,当前对于养老服务供应链的研究已有一定基础,但针对康养服务供应链的研究还较少,研究多针对服务供应链运作所存在的问题进行研究,并没有提出相关策略。因此,本书试图运用系统动力学等方法找到存在的问题,并采用博弈论提出康养产业供应链中供应商和集成商之间的均衡策略。

1.4 研究内容、方法与技术路线

1.4.1 研究内容

本书各章节的具体研究内容如下:

第 1 章:绪论。从康养产业现状、老龄化现状、政策扶持现状三个角度对背景进行分析，找出研究出发点及研究的意义。

第2章：文献综述与理论基础。本章阐明了康养产业、供应链的定义，以及本文应用系统动力学、博弈论等方法的依据，并以此作为分析康养产业服务质量的理论依据。

第3章：对康养服务供应链现状以及存在的问题进行分析。从康养供需角度出发，找出供给与需求之间存在的问题，然后，对服务供应链的内涵和结构进行分析。在此基础上，对服务供应链特点及供给形式进行分析。

第4章：康养服务质量评价模型构建。本章介绍了康养服务体系的内容形式、服务特征；然后，对康养服务质量评价指标进行筛选，建立了服务质量评价指标体系，并确定了各指标权重。在此基础上，依据已有理论构建康养服务质量的理论模型。

第5章：基于康养服务质量模型的实证研究。依据第4章构建的理论模型，运用主成分分析法对康养服务指标进行筛选；然后，利用 Matlab 仿真软件对 BP 神经网络评价模型进行仿真训练和模型检验，得到较强适用性的康养服务质量评价模型。

第6章：康养服务供应链动态结构分析。本章运用系统动力学进行建模，然后对康养服务供应链、康养服务能力及老年人满意度进行仿真，并对结果进行分析。

第7章：考虑质量改进和社会责任的康养产业供应链最优策略。对影响变量进行选择，搭建服务供应商与养老服务集成商之间的博弈模型，并用服务集成商主导下的纳什均衡求解，提出考虑质量改进和社会责任的康养服务供应链控制策略，找出两者之间的最佳平衡策略。

第8章：研究结论与展望。总结本书研究的主要结论，探讨研究存在的局限性，并提出今后进一步研究的方向。

1.4.2　研究方法

1. 文献研究法

首先，大量阅读康养服务质量评价和服务供应链的文献资料，梳理后分类论述；其次，找到国家政府出台的政策文件，旨在了解康养服务的类型，并结合实际调研确定康养服务的内容；最后，着重论述服务指标的确定和服务质量模型，据此构建康养服务质量评价模型。与此同时，找到服务供应链存在的问题，提出优化策略，以更好地应对老龄化。

2. 问卷调查法

在文献分析的基础上，根据 SERVQUAL 模型编制调查问卷。在河北省7 个康养中心针对老年人发放问卷，运用 SPSS 对数据进行描述性统计分析，用服务质量模型来对康养服务进行评价，并根据结果确定康养服务质量影响因素，提出改进政策。了解其对康养中心服务的反馈，挖掘问题的潜在原因，提出对策。

3. 数学建模法

为了避免层次分析法主观性过强的缺点，利用 TFN – AHP 模型建立了老年康养服务质量评价指标体系，确定各指标权重，运用三角模糊数进行排序。一定程度降低了主观因素对权重顺序的影响，提高了评估结果的影响，对老年康养服务质量的提升提供参考，为后续研究奠定基础。

4. 仿真分析法

基于康养服务链思想和系统动力学方法，构建供应商、集成商、康养需求的系统动力学模型，用 Vensim 软件进行仿真分析。根据提出的考虑质量改进和社会责任的情景，建立博弈模型，并使用 Matlab 软件进行仿真分析。

1.4.3 技术路线

本书基于目前康养产业存在的问题，从考虑社会责任、社区服务质量偏好的角度对康养服务质量以及供应链展开研究，本书技术路线如图 1 – 1 所示。

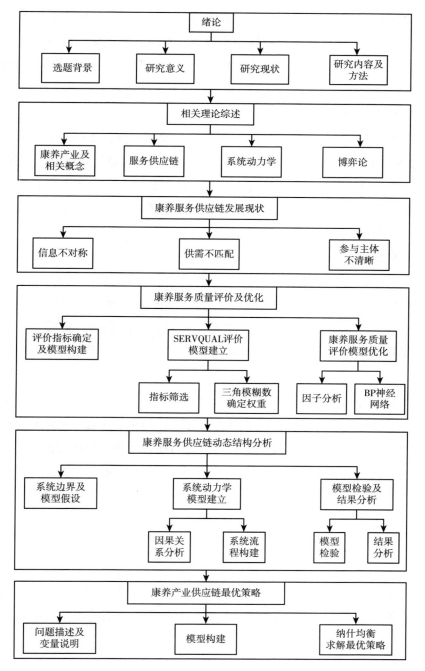

图 1-1　本书技术路线

1.5 研究创新点

第一，视角创新。康养是朝阳产业，是"健康中国"建设的重大举措，而目前对康养服务及服务质量评价模型的研究较少，本书在"健康中国2030"的背景下，从服务供应链的视角对康养产业进行研究。

第二，维度创新。综合养老服务的发展特点，加入老年人康养需求的研究维度，使得服务质量评价体系更加完整。然后，向接受康养服务的老年人进行问卷调查征求意见，并对收集到的有效数据进行定量分析，找到服务质量的问题，提出解决对策。

第三，方法创新。将服务质量模型（SERVQUAL）、模糊综合评价法、BP 神经网络、斯塔克尔伯格博弈应用到老年康养产业研究领域，使得模型更加准确，结果更加精准。

第 2 章

相关概念及理论

本章旨在通过对康养产业、服务供应链等相关概念以及系统动力学、博弈论等相关理论的梳理，为康养服务质量评价研究、康养服务质量评价模型优化、康养服务供应链动态结构分析和康养服务产业供应链最优策略等问题形成合理清晰的理论研究框架。

2.1 相关概念

2.1.1 康养产业

康养产业是现代服务业的重要组成部分。伴随城乡一体化的发展，康养产业将是一个备受关注的行业，也是一个朝阳行业。国外没有"康养产业"的概念，而是称为"健康产业"。对于"健康"的定义很多，其中最有权威性的是 1984 年世界卫生组织的定义，"健康"应当是生理、心理、社会适应、道德本质四者都健全。"健康产业"狭义上是指与提供改善、增进人的健康且高度相关的各种产品、行业、部门的集合。广义上来说是指以健康建设为中心，以大健康理念为前提，以人的健康为最终目的，与人类健康直接或者间接相关的所有产品和部门的结合。不管从狭义上理解还是广义上理解，"健康产业"应当包括经营活动和服务活动。与"健康产业"相近的有"银发经济"。"银发经济"是指产业界或部门为老年人提供与教育和文化、旅游、娱乐、日常照料等相关的一系列服务。

国内对康养产业研究比较晚。2014 年在首届中国阳光康养产业发展论坛中，"康养产业"这一名词才出现在大众视野，定义为"健康与养老产业"，包括养老、养生、医疗、旅游等多个领域，重点强调医药与养老、养生与旅游的融合，实现异地养老、医保联动。《中国康养产业发展报告》对这一概念进行了解释，认为"康"是指健康、康泰、康复、康乐，"养"则指养生、养神、疗养、修养，将"康养"的含义归纳为"健康"和"养生"两个方面，"康养"指在某种环境下，通过一系列活动和内在修养使得身体和精神达到最佳状态（李后强，2015）。之后有学者将"康养"分为"健康""养生""养老"三个维度（何莽，2018）。康养产业被定义为社会提供康养产品和服务的各相关产业部门组成的业态总和（汪汇源，2020），依据消费群体、市场需求、关联产业、资源差异和地形地貌的不同，又衍生出不同的康养产业类型。

2.1.2　服务供应链

随着用户对产品需求的提高，现有许多企业业务逐渐开始从简单的有形产品服务向基于产品的增值服务拓展，呈现出产品服务化的发展趋势。20 世纪 90 年代，西方国家对服务业的管制有所放松，服务业牢牢把握住了此次发展革新的有利时机，逐步实现从垄断性行业到竞争性行业的转变，由此加快了服务经济时代的到来，学者们对服务供应链的研究由此展开，推动服务供应链相关问题的研究发展。服务供应链的概念最早由阿克曼（Akkermans，2000）提出，随后其相关研究逐渐开始起步。2004 年，美国学者莉萨·M. 埃尔拉姆（Ellram，2004）出版《理解和管理服务供应链》一书，就服务供应链定义及相关理念进一步做出阐述，深化了相关学者及大众对服务供应链的认识。

国家统计局的统计数据显示，在三次产业构成中，我国的服务行业增加值所占 GDP 的比例在 2012 年已经首次超过第二产业，成为国民经济的第一大产业。此后，服务业始终保持较快的增长速度，服务行业的增加值所占的比重也持续上升，对我国经济增长的贡献不断增高，成为中国经济发展的主要动力。2016 年，从国内生产总值的角度来看，第三产业第一次突破 50% 大关，相比较于第二产业，高出 10 个百分点，是中国经济正式踏进"服务化"时代的重要标志，也说明服务行业在未来将会成为新常态下中国经济增大的主要新动力。截至 2021 年，数据显示服务业仍然保持稳中有进的情形。服务行业总体来看运行平稳，且产业结构不断优化，在 2021 年第一季度，服务行业实现增加值 122317 亿元，相比较国内生产总值高出 0.6 个百分点，相比较第二产业的增加值高出 0.9 个百分点。

在服务行业快速发展的大环境下，国内学者对供应链的研究也开始向服务供应链拓展。2011 年，在供应链管理的新发展研究报告中，国内学者陈剑和肖勇波指出在接下来的研究中要重点向服务供应链管理拓展（陈剑等，2011）。近些年来，服务供应链受到广泛关注，国内外学者对服务供应链的研究不断发展演变，其应用领域也在不断拓展深化。

服务供应链是以服务为中心，包括服务供应方、服务集成方和服务需求方，整合了信息流、资金流和服务流的集成化供应链。目前，服务供应链还未形成成熟的理论和结构体系，学者对服务供应链主要存在三类不同的理解：第一类，从产品服务化视角出发，将服务看作产品制造与供应中的一个环节，依赖于产品而存在，并以推动产品供应为目的，依照这一类理解，服务供应链仅是产品供应中的一个环节，并不具有独立意义；第二类，从服务行业角度出发，采取供应链手段对以服务为核心的有形产品进行服务，在这一理解中，供应链虽是以服务为主，但其定位仍是为产品服务；第三类，从服务行业角度出发，强调通过整合协调服务资源，确保服务资源的合理有效利用，进而将供应链的思想和理念引入服务管理，在这一理解中，供应链以服务为主导，服务作为供应链流程中至关重要的因素而存在（王一烜，2012）。在面向服务供应链的现阶段研究中，多数理解都倾向于第三类，认为服务供应链效益的提高主要得益于对服务资源的有效整合。本书也将采用第三类定义展开研究。

在上述第三类定义的基础上，不同学者给出了对服务供应链的不同理解。其中，一些学者认为服务供应链是由客户服务请求出发，服务提供者根据所处服务地位的不同，将服务请求逐级分解，彼此之间相互合作，共同构成的一种供应关系，同时，服务集成商对供应链上的各种服务要素和环节进行有效整合，对全程进行有效管理（宋华等，2008）。一些学者认为服务供应链上资源的有效整合大幅度提高了服务供应链的效率，本质就是服务供应链上的所有参与主体共同为顾客创造服务价值（金立印，2006）。还有学者认为服务供应链是服务供应商与服务集成商共同为顾客提供满足顾客个性化需求的集成化服务（舒思亮，2015）。

在服务供应链的具体应用与管理方面，一些学者聚焦于物流服务供应链研究，指出物流服务供应链协调运作方式，以此提出内在和外部驱动机制（Yan and Dong，2009）。而国内现行的服务供应链研究主要集中在金融服务供应链、港口物流服务、酒店服务等方面。国内学者针对民航服务构建管理活动、顾客满意度以及企业绩效间的结构方程模型进行实证分析，最终验证了服务供应链战略管理活动等能够有效提高企业绩效（金立印，2006）。除此之外，学者们将理论应用于旅游服务供应链、金融证券服务供应链、医疗服务供应链、港口服务供应链等，用以提高管理效率，提升供应链供给价值（周花等，2007；付秋芳，2008；杜祥等，2008；陈焕标，2009；李建丽，2009）。以往学者对供应链的研究限于以经济人假设为基础，认为个体具有能够完全理性做决策的能力，而现如今，学者认为供应链中各成员会受到动机的鼓励或刺激尽最大努力实现目标，故通过期望效用理论对无法确定条件的情形中的供应链的决策行为进行建模。因此在对供应链的研究中，行为因素始终是关键因素。

虽然服务供应链现有的研究领域非常广泛，但通过整理分析，不难发现现有的研究模式还比较分散，并且康养服务供应链研究还相对较少，各类康养产业业务范围不断拓展，衍生出不同康养产业类型，其中康养服务业由于服务种类增多、服务水平加深等因素而在逐步拓展产业规模和运作模式，康养服务供应链与养老产业服务供应链存在共通之处，具有极大的研究探索空间。

2.2 相关理论

2.2.1 系统动力学

系统动力学研究着眼于系统内部要素特点，从系统内部机制与系统行为寻找问题根源，发掘形态变化产生的因果关系。从系统方法论的角度，系统动力学是结构、功能和历史三种方法的统一，主要用于研究复杂系统，为高非线性、大规模、多反馈的复杂系统问题的处理提供有效解决思路，其在复杂问题解决中具有一定优越性。

1956 年，系统动力学由美国麻省理工学院福瑞斯特（Forrester）教授首次提出，后又于 1961 年发表著作《工业动力学》，由于在研究初期该学科知识主要应用于工业企业管理领域，因此称为工业动力学，后随着学科的发展其内容逐渐拓展，改称为系统动力学。20 世纪 70 年代末，系统动力学被引入国内，并在之后的发展中逐渐走向成熟。随着国内外研究的深入，系统动力学得以不断发展丰富，并逐步扩充为一套有效的理论体系，成为一门分析研究信息反馈系统的重要学科，同时也是一门认识并解决系统问题的交叉综合学科。应用领域从企业管理学科中的解决工业企业存在的生产销售等问题，向宏观层次问题的研究扩展，并逐渐向人、社会、生态环境等相互关系模型拓展。后经不断发展，得以广泛应用和传播。

在供应链管理领域，系统动力学也得到了广泛应用。福瑞斯特运用系统动力学求解企业需求、库存等相关经营管理问题。在系统动力学的研究基础之上，伯恩哈德（Bernard，2000）将供应链管理进行归纳，认为其最主要可以划分为三大类，即供应链的系统动力学理论方法研究、以供应链物流机理为中心系统动力学的研究以及以供应链流程再造为中心的系统动力学研究。作为国内系统动力学领域较早的研究者，王其藩（1995）建立起了系统动力学在社会经济系统运作的整体认识。近几年，应用系统动力学对供应链问题进行的研究逐渐增多，部分学者运用系统动力学方法研究大型客机供应链质量控制问题，也有学者聚焦于新零售供应链，运用系统动力学仿真得到利润促进策略（周金华等，2018；李坚飞等，2018）。

目前，国内外对系统动力学的研究已经基本成型。近年来，服务供应链发展迅猛，引起广大学者关注，但运用系统动力学对服务供应链展开研究才刚刚开始，对康养服务供应链的相关研究更少，相关理论和研究都不够系统，尚未形成成熟的研究体系。应用系统动力学进行康养服务供应链研究可以借鉴其在产品供应链及现有服务供应链上的成果，在康养服务供应链的动态性、延迟性、信息反馈等相关研究中借鉴可行的研究思路，推动研究深入（任宗伟等，2019）。同时，也有学者在社区养老服务供应链信息共享模型构建中应用系统动力学，在供需信息传递准确性和快速性上取得了显著成果，其研究思路及成果同样在康养服务供应链研究中给我们以启示（石园等，2019）。

使用系统动力学的方法研究康养服务供应链问题，需要从以下几个部分把握系统动力学建模基础。

1. 系统动力学基本步骤

使用系统动力学的方法研究康养服务供应链问题，首先要对实际系统的结构和功能进行模拟，梳理各子系统和变量之间的作用关系，建立系统动力学模型。写出各个变量之间的常微分方程关系，把概念的构思转换成正式的、定量的数学表达式，使模型能用计算机模拟得到解析解，来研究模型的动力学特性，进一步挑选适当的方法进行参数估计，并进行模型测试，通过测试调试修改模型，直到模型的结果能够反映实际情况为止。系统动力学基本步骤如图 2 - 1 所示。

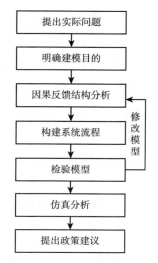

图 2 - 1　系统动力学的研究步骤

资料来源：本图是在杜明月（哈尔滨工程大学，2020）博士论文 112 页图 5.1 的基础上修改而成的。

2. 因果关系

系统动力学注重从因果机制出发，其中因果关系的构建往往与仿真结果之间存在着必然联系。因果关系指的是系统构成要素发生变化的原因和可能产生的结果。因果关系由各变量和连接各变量能够表示变量之间因果关系的因果链组成，在因果关系图（如图 2 - 2 所示）中通过有向线段实现因果要素的相互连接，由因指向果；因果关系经由因果链进行传递，最终原因与结果相互作用形成一条封闭且首尾相连的因果反馈回路。因果链有正极性和负极性之分，所以因果关系也有正负之分。

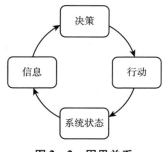

图 2 - 2　因果关系

如果变量 A、B 之间存在因果关系，A 是原因，B 是可能引起的结果，用有向线表示两者之间的因果关系，因果链的极性关系表示如下。

正极性关系：$A \to^+ B$，B 随 A 增加而增加。

负极性关系：$A \to^- B$，B 随 A 增加而减少。

3. 反馈回路

反馈回路将系统动力学中所有单元、单元的运动和信息反馈连接在一起，单元的运动反映了系统的变化，信息反馈反映了系统内部自我调节的作用机制和因果链的累积效应。一个复杂的大系统可以由多个信息反馈回路联结组成，反馈回路的极性由因果链的极性决定。若反馈回路中负因果链的个数为偶数，则该反馈回路极性为正；若反馈回路中负因果链的个数为奇数，则该反馈回路极性为负。

4. 系统动力学流图

因果关系是流程图构建的重要考量因素，仅表达了系统中变量之间的定性关系，对于变量的具体性质以及系统管理和控制的过程均无法描述，而流图（如图 2 - 3 所示）是系统动力学结构模型的基本形式，构建清晰的流程图是系统动力学建模的重要基础，同时也是借助系统动力学提升系统效能的关键。

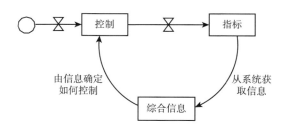

图 2 - 3　系统动力学流图

资料来源：王其藩《高级系统动力学》。

系统动力学流图由若干被赋予专门意义的符号图组成，以形象的方式表示系统各个因素之间相互制约的状况以及变量的特征，是建立仿真模型的必要环节。流图由变量要素和关联要素组成，其中变量要素包括状态变量、速率变量、辅助变量，关联要素是信息链和物质链。

状态变量是随时间变化的积累量，是物质、能量与信息的储存环节（如人口、库存、银行存款等），状态变量环节能改变随时间变化的输入量的形状，能削弱输入量与输出量之间的联系。速率变量是用来衡量状态变量输入或输出速率的变量，能够反映状态变量的变化速度，速率变量的方程要尽可能合理描述客观因素的影响，避免违背客观事实。辅助变量刻画了状态变量和速率变量之间信息传递和转换，揭示了系统内部的机理。

在运用系统动力学模型模拟之前，首先对模型中的所有常数、表函数及状态变量方程的初始值赋值。对某参数的估计，可以粗略地使用参数的一些可能值进行模拟测试，直至模型无显著变化时，就把其相应值确定为该参数值。参数值还可以通过原始调查资料直接获得、从模型中部分变量间关系中确定或分析已掌握的资料估计等方法确定。

系统动力学主要根据系统内外影响因素间形成的各种反馈进行建模，通过改变要素变量，进行模拟仿真以求解系统性能，进而为发展决策做出预测。现今，系统动力学理论及实践研究都已经具备一定的系统性，在很多领域都取得了显著的应用成效，系统动力学可以深刻把握研究对象的深层特点，因此，很多学者运用系统动力学理论指导研究模型构建。

2.2.2 博弈论

博弈论又称为对策论，是一门主要研究策略思维的重要学科，被广泛应用于经济学等多学科领域，是经济学研究领域的一项重要分析工具，被认为是 20 世纪经济学最伟大的成果之一。我国早在两千多年前的"齐威王田忌赛马"中便开始运用博弈思想，国外向前可追溯到巴比伦犹太教法典中"婚姻合同问题"。博弈思想虽早已存在，但对博弈的研究还停留在经验分析，直到策梅洛（Zermelo）、波莱尔（Borel）及冯·诺依曼（von Neumann）等的研究成果问世，博弈论才真正发展成为理论，并在随后研究者的研究中发展完善，成为一门较成熟的学科。

博弈论是指在一定环境条件下的个人或组织，在相应的规则约束下，能够利用自己掌握的信息选择有利的策略，并通过策略实施最终取得相应结果及收益的过程。博弈论的重点不是解法研究，而在于运用巧妙的策略解决问题，通过合理策略的选择来赢得最有利的结局。其基本思想在于参与者能够充分把握态势，进而能够有效判断他人的反应，在博弈中选择最合理策略，以此来增加在现有局面中获得胜利的机会，实现利益最大化。

依据不同的判断基准对博弈进行分类，主要有以下几种类型的博弈。

1. 合作博弈和非合作博弈

根据参与者关系的不同，可以将博弈划分为合作博弈与非合作博弈两类。非合作博弈的主体之间不存在具有约束力的协议，博弈参与者可以自由进行决策，因此，在博弈中更追求个体自身利益的最大化，相应地整体利益减少。合作博弈则与非合作博弈恰好相反，其各主体之间存在具有约束力的协议，在博弈中也更加强调博弈结果给集体带来的利益，而不是个体利益，同时对合作中的效率与公正问题更为重视。合作博弈又被称为正和博弈，参与博弈的双方利益都不会受到损害，至少有一方的利益是有所增加的，同时给整个社会带来的整体利益必定是增加的。

2. 静态博弈和动态博弈

根据参与者参与博弈时间的先后顺序，可以将博弈划分为静态博弈和动态博弈。静态博弈是指博弈结果与选择的先后顺序无关，博弈中的后行动者对先行动者的行动一无所知。而动态博弈中的参与者行动有先后顺序之分，后行动者往往能够掌握先行动者的行为选择，并根据先行动者的选择做出最有利的决策，使自己的利益最大化。"囚徒困境"即为典型的静态博弈，博弈中的参与者同时进行决策。棋牌类游戏则属于动态博弈，博弈参与者严格按照规定的先后次序进行决策。

3. 完全信息博弈和非完全信息博弈

根据参与者对博弈中其他参与者了解程度的不同，可以将博弈划分为完全信息博弈和非完全信息博弈。完全信息博弈是指博弈中的所有参与者都拥有其他参与者的信息，如参与者特征、所选择的策略以及得益函数等。不完全信息博弈则是指参与者对其余参与者的信息了解得不够全面或不够准确，或是只掌握了部分参与者的信息要素，这类并没有完全掌握其余参与者全部信息的博弈称为不完全信息博弈。通常情况下，完全信息博弈和非完全信息博弈又可以继续根据参与博弈的时间先后顺序，分别划分为完全信息动态博弈、完全信息静态博弈以及不完全信息动态博弈、不完全信息静态博弈。

4. 一次性博弈和重复博弈

根据博弈进行的次数以及每次博弈持续时间的长短，可以将博弈划分为一次性博弈和重复博弈。一次性博弈是指博弈仅进行一次，参与者寻求当次博弈中自己利益的最大化，博弈结束后参与者之间不再存在任何关联。重复博弈则是指博弈分多次进行，博弈参与者在每次的博弈中都要寻求利益最大化，将平均目标长远化。重复博弈又可以根据持续时间的长短继续划分为无限重复博弈和有限重复博弈，无限重复博弈的结束时间并不确切，而在有限重复博弈中，存在最后一次博弈，而此次博弈中局中人很有可能为了自己的利益而采取不合作行为，是实现高效均衡的关键，因此，有限重复博弈的结果往往需要制度与规则来加以保障。

5. 零和博弈和非零和博弈

根据博弈结果的不同，可以将博弈划分为零和博弈和非零和博弈。零和博弈又被称为"零和游戏"，其属于非合作博弈的范畴，"零和"即为博弈各方收益与损失之和为零，一方所得必为另一方所失，双方并不存在合作的任何可能性。非零和博弈又可以下分为正和博弈及负和博弈两类，现实经济生活中，人们通常希望通过合作来达到双赢的结果，这种合作行为被称为正和，反之则成为负和博弈，负和博弈的双方由于不合作，通常会带来负效应。

本书主要研究斯塔克尔伯格博弈，它是一个两阶段的完全信息动态博弈。斯塔克尔伯格博弈模型是针对不对称竞争而提出的一种博弈模型，依据不同约束条件得到纳什均衡解，并根据纳什均衡解选择出有效的质量控制策略。

近年来，国内学者将博弈论思想引入国内热点问题的研究，产生了大量研究成果。部分学者将博弈论的思想应用于养老服务供应链，对其中的经济资源分配问题进行深入细化研究，其研究思想与研究成果为养老服务供应链的有效运作提供了重要参考（桑秀丽等，2016）。部分学者将博弈理论运用于多渠道酒店服务供应链研究，实现服务供应链利润最大化策略优化（曾小燕等，2018）。博弈论作为推进协同与合作的重要理论工具，将有效推动领域相关研究深入，而康养服务供应链作为服务供应链的一部分，具有极大的应用空间。

2.3　本章小结

本章介绍了康养产业及康养服务供应链所涉及的相关概念及理论方法。康养产业和服务供应链相关概念阐述为后续研究提供基础。博弈论则为康养服务供应链的有效运作和优化提供了重要理论参考。系统动力学将在后续研究中帮助深刻把握康养服务供应链的深层特点，指导康养服务供应链模型构建，推动研究深入和供应链优化。

第 3 章

康养服务及供应链分析

经济社会体制改革大背景下，康养产业市场也在不断革新。经济发展水平的提高使得老年人产生了健康、养生的康养需求，而人口老龄化和高龄化问题的不断加深也为康养服务产业发展提供了极大的市场，使得康养服务业成为极具潜力的朝阳产业。作为康养产业的重点发展对象，本章将从康养服务供需和康养服务供应链分析入手，立足康养服务业发展本质特性，不断优化康养服务供应链。

3.1　康养服务供需分析

康养产业是以"康"为目的，以"养"为手段的健康产业体系，康养产业作为健康与养老的结合体，其发展与健康产业和养老产业密不可分。党的十九大提出"实施健康中国战略"，并于 2015 年将"健康中国"上升为国家战略，2019 年国务院印发《国务院关于实施健康中国行动的意见》并出台相关实施和考核方案，进一步将战略落到实处。健康产业在近些年展现出了巨大的发展潜力，推动多地区经济发展。2011 年我国养老服务市场化改革开始进入新发展时期，政府全力推动养老服务市场的全新市场化变革，推进养老服务由福利性事业向市场化产业转变。在如此良好的发展环境下，康养产业特别是康养服务产业大有可为。

目前，我国康养服务市场还处于初级发展阶段，存在概念界定不清晰、市场定位不明确、资源利用率低、供需结构失衡等诸多方面存在问题，主要表现为市场供给不足与资源闲置并存、多样化康养服务需求与供给错位、服务找不到供给出口等，市场巨大的需求未能被拉动。以康养服务中的养老服务为例，存在"供给高—利用低、供给低—需求高、需求高—利用低"等突出现象，健康和养老骗局时有发生造成行业混乱，供给存在专业人才匮乏等诸多问题（纪伟，2019）。

在康养产业的众多组成部分中，康养服务业占比达 80%，是康养产业发展的重中之重。随着我国老龄化程度的加深，政策推动下的康养服务市场必将实现成功转型，以更好地满足市场变化。

3.1.1 康养服务需求分析

随着我国人口老龄化程度不断加深，高龄化、少子化、空巢化的发展趋势使得康养产业缺口进一步扩大。国家经济发展、人民生活消费水平的不断提高使得越来越多老年人的消费观念开始发生转变，由"节衣缩食型"向"安逸享受型"过渡，对健康的重视程度不断加深，并且愿意支付更多的金钱购买康养服务。传统机构型养老和依靠政府的基本养老服务已经不再适合市场对康养服务的高水平、创新性、多元化需求，符合目前中国康养市场环境和需求增势的康养服务产业正在不断优化。

1. 老年康养服务需求分析

2021 年 5 月，国家统计局公布了第七次全国人口普查结果，数据显示，我国 0 ~ 14 岁人口为 25338 万人，占 17.95%；15 ~ 59 岁人口为 89438 万人，占 63.35%；60 岁及以上人口占 18.70%（如图 3 – 1 所示）。此次人口普查结果中人口年龄构成的结果与 2010 年第六次全国人口普查结果相比，0 ~ 14 岁人口的比例上升 1.35 个百分点，15 ~ 59 岁人口的比例下降 6.79 个百分点，60 岁及以上人口的比例上升 5.44 个百分点，65 岁及以上人口的比例上升 4.63 个百分点（如图 3 – 2 所示）。全国总人口的年平均增长率为 0.53%，比 2000 ~ 2010 年下降 0.04 个百分点，我国人口 10 年来继续保持低速增长态势，老龄化程度进一步加剧，老龄化水平已接近中度老龄化。

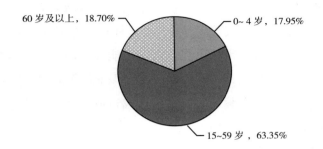

图 3 - 1　第七次人口普查全国人口年龄构成

资料来源：《全国第七次人口普查公报》。

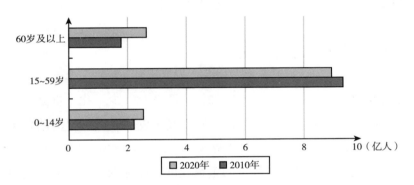

图 3 - 2　两次人口普查各年龄段人口变动

资料来源：《全国第七次人口普查公报》。

从全国 31 个省份老年人口数量来看，共有 10 个省份 60 岁及以上人口数量占总人口数量比例超过了 20%，共有 12 个省份 65 岁以上的人口占总人口比例超过了 14%。其中，辽宁老龄化程度最高，60 岁以上人口占比高达 25.72%，65 岁以上人口占比达到 17.42%；其次是上海，分别为 23.38% 和 16.28%；黑龙江分别为 23.22% 和 15.61%；吉林分别为 23.06% 和 15.61%；重庆分别为 21.87% 和 17.08%；江苏分别为 21.84% 和 16.28%；四川分别为 21.71% 和 16.93%；天津 21.66% 和 14.75%；山东分别为 20.9% 和 15.13%；湖北分别为 20.42% 和 14.59%；湖南分别为 19.88% 和 14.81%；安徽分别为 18.79% 和 15.01%。按照联合国对老龄化程度的划分标准，辽宁、黑龙江、吉林、江苏等多省已进入中度老龄化社会。

我国康养服务需求呈不断上升趋势，康养机构的养老床位存在缺口，据民政部统计报告显示（如图 3 - 3 所示），截至 2020 年 6 月底，全国养老机构床位有 790 多万张，在人口老龄化不断加深的大背景下，养老床位需求空缺在不断扩大。随着城市化的发展，大量的农业剩余劳动力的转移形成了"推动效应"（张明莉，2014），同时也加大了城市康养服务的需求。

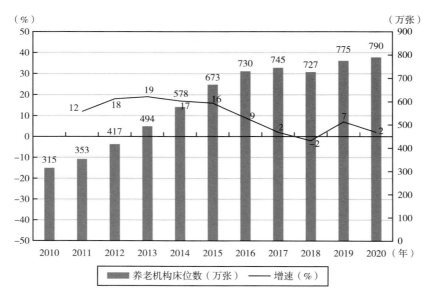

图 3 - 3 2010 ～ 2020 年中国养老机构床位数量及增速

资料来源：民政部、前瞻产业研究院相关数据。

现阶段我国人口老龄化程度进一步加深，社会正在加速进入老龄化，并且根据国家统计局预测，"十四五"期间，我国老年人人口将突破 3 亿，从轻度老龄化社会迈入中度老龄化社会。随着老龄化形势的加剧，医疗、养老等公共事业和社会保障体系将面临极大的挑战，各类老年康养服务的需求也将持续增加，人口老龄化程度的加深也导致人口抚养比出现较大波动。当前我国老年康养服务供给明显不足，无论是老年康养服务设施还是老年康养服务人力资源都尚存在巨大缺口。据民政部、国家卫健委等部门统计，我国目前有 2.5 亿老年人、4000 万失能半失能老年人，而养老护理从业人员仅有 30 万名，远远无法满足当前老年人的护理需求。作为康养产业重头戏的养老产业，其服务对象主要为老年人口，随着人口老龄化的加剧，养老产业及康养产业的发展成为社会热门话题。

在 2021 年 3 月召开的两会中提出，将"实施积极应对人口老龄化国家战略，以'一老一小'为重点完善人口服务体系"列为"十四五"时期主要目标任务之一，"医养、康养相结合"的养老服务体系将在全国范围内建立。具有覆盖范围更广、服务方式更灵活等众多优点的社区康养模式能够快速便捷地为老年人服务，是当前老年康养服务最常用的服务模式。近年来，老年康养受到国家各级政府支持，其服务质量关乎老年人的生活质量和幸福感，对于老年康养服务质量的研究也越来越受到学者们的关注，而现有对老年康养服务质量的研究大多数为定性研究，本书后面章节将运用 TFN – AHP 模型对老年康养服务质量进行研究。

65 周岁以上高龄人口是老年康养服务产业的重点服务对象，近年来数量呈现不断上升趋势。服务供给除了考虑老年人自身因素还需考虑老龄人口家庭因素，子女后代等家庭成员也是康养服务需求分析的重点对象（孙紫依，2019）。除此之外，进一步根据康养需求中的"康"和"养"两大概念对老年人口进行区分，可以划分为健全、半失能、失智和失能、失智老人；根据消费水平进行 3 级体系划分，可划分为：富裕群体、中等群体和混合贫困群体。服务对象不同，需求内容也存在差异。

2. 养生保健服务需求分析

随着人们生活环境的改变和生存压力的加大，亚健康问题越来越年轻化，城乡居民医疗保健支出金额逐年攀升。据国家卫生健康委员会公布的《2015 年国家卫生统计年鉴》，2014 年我国卫生总费用达到 35312.40 亿元，人均卫生费用 2581.7 元。2014 年，城镇居民人均年现金消费支出 19968.1 元，城镇人医疗保健支出 1305.6 元，城镇居民医疗保健支出占消费性支出达到 6.5%；农村居民人均年消费支出为 8382.6 元，农村居民人均医疗保健支出 753.9 元，农村居民医疗保健支出占消费性支出达到 9.0%。

当代社会经济水平的不断提升、科学技术的飞速发展改变了人们的健康理念，人们的保健养生意识逐年提高，越来越重视对身体健康的管理，养生已成为一种公认的健康生活标志。有过购买保健产品和服务经历的城镇人口比例不断增长，越来越多的人希望用有益的养生方式达到长寿的效果，在有限的生命中享受更高质量的生活。同时，由于人们的生活节奏不断加快，亚健康问题越来越年轻化，年轻人也更早地开始注重保养和养生。

据中国保健协会的统计，2013 年，中国健康产业的市场规模达到了 1000 亿元人民币，2014 年增长到 1352 亿元，2015 年增长到 1678 亿元，市场规模不断增大。据前瞻产业研究院发布的《中国大健康战略发展模式与典型案例分析报告》数据，2014 年我国健康服务产业市场规模约 4.50 万亿元，2017 年底，我国健康产业总规模超过 6 万亿元，2012～2017 年我国健康服务产业市场规模如图 3-4 所示。据国家卫生计生委例行发布会公布，预计到 2030 年，我国健康产业规模将显著扩大，健康服务业总规模将达 16 万亿元，我国的养生保健市场潜力巨大。

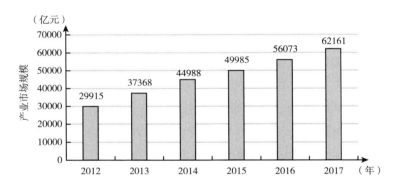

图 3-4　2012～2017 年我国健康服务产业市场规模

资料来源：《中国大健康战略发展模式与典型案例分析报告》相关数据。

中国古代即有"圣人不治已病治未病，不治已乱治未乱""上医治未病，中医治欲病，下医治已病"的理念，中医在我国有着悠久的历史和深厚的文化积淀，对预防保健、治未病、提升全民健康素质，应对亚健康等问题具有重要作用。中医药的疗效经过一次次的检验，尤其是中医药对新冠肺炎的疗效，得到了广大人民群众的认可（Zhang，2021），国家对中医药发展的政策支持和宣传力度也不断加大，使得民众对中医健康养生服务的需求水平不断上升。有关调查统计数据表明，"在临床预防方面，有 50% 以上的高血压、糖尿病等病例管理运用了中医药干预治疗措施；在养生保健方面，中医药参与率达到了 88%；在愈后康复方面，中医药参与率达到了 93% ；在健康教育方面，涉及中医药内容的占 70% ”。①

3. 康养服务需求内容分析

近年来，我国居民人均可支配收入不断增长，居民消费水平也在稳定提升。随着消费水平的提高，我国康养服务需求内容呈现多样化特点。无论康养服务需求如何变动，康养服务的提供和变革都应以需求为导向，将满足需求作为目标。

通过本书第 2 章对康养及康养产业概念的界定可知，康养产业的涵盖范围很广，康养服务的内容范围也很广，包括针对不同消费群体、不同健康状态、不同市场需求的各类康养服务，按照不同服务类别，康养服务可以包括医疗、保健、养生、养老、护理、康复、健康咨询等服务。一般来说，养老服务主要以在固定场所为老年人提供照料等服务的形式存在，依据老年人个人经济条件、家庭情况的不同，有老年人日间照料和老年人全日照料多种养老场所以供选择，囊括了敬老院、养老院、护理院、社会福利院、老年人服务中心以及社区居家养老等多种常见的养老场所。

康养服务则在老龄化社会推进中面临着愈加复杂且多样的严峻形势，人们对康养服务机构的需求在不断提高，差异化需求越来越难以满足，康养服务产业需由更为全面的内容覆盖。

除对康养机构的选择外，康养服务需求内容还体现在设施、环境、技术发展水平等方面。中老年人对康养服务方式的多元化、个性化等细化需求体现得更为明显，康养服务受众群体在年龄、经济水平、受教育水平、健康状况等方面存在的差异，导致其对康养服务的需求侧重点有所不同，进而形成显著的康养服务需求差异，具体体现在生活照料、心理陪伴、医疗保健等多方面。除此之外，还存在供需双方对老年人的康养服务需求认识不足等问题，"一刀切"的服务管理方式早已不能满足需求群体对康养服务的个性化、精细化需求。

对康养服务需求对象来说，他们对康养服务的需求内容主要体现在照料服务质量和服务环境、设施的舒适度等方面。富裕群体更偏重对康养服

---

① 王燕，马春. 中医药如何快速融入社区卫生服务［N］. 中国中医药报，2013 – 2 – 27.

务质量的需求，在基本康养服务的基础上寻求更为健康、个性化、满意的服务供给，对服务的要求更高，需要的服务内容更为全面，这就需要康养服务机构不断优化康养服务理念，提供深层次、全方位的满足"康"和"养"两个层次的康养服务。中等收入群体则是康养服务需求的主体，往往更加追求性价比，对康养服务需求内容的要求更多，对康养服务需求供给优化的推动作用也更大，中等收入群体康养服务需求的满足往往能够实现康养服务水平的跃升，是关乎民生的重要问题。贫困群体康养问题是国家和全社会广泛关注的问题，受经济水平限制，贫困群体往往更为关注养老问题，对健康的关注相对较少，现有的康养机构主要以福利养老院等养老服务机构为主，由国家和社会对贫困人口实施帮助。

对身体健全、生活可以自理老人，提供健康体检、健康讲座等方面的服务，引导其养成健康生活方式，同时，要注重优化心灵和生活方式等方面的服务，为其营造健康、乐观的生活氛围。对半自理老人，除基本健康服务外还要提供日间照料服务，尤其注意在康复训练等的基础之上对其进行心理慰藉。完全不能自理的老人对康养服务的需求和养老服务的依赖性都表现得更为强烈，因此更加需要服务人员全身心投入。

根据老人不同的需求特性，可以将需求内容细化为助餐、助浴、助洁、助浴、助行、助医、助急等老年人康养服务。

助餐服务是指社区居家养老服务中心、街道级居家养老服务站点为老年人提供餐饮服务，包括食品加工、老年人集中用餐和送餐上门。

助浴服务是指帮助或协助老年人，特别是高龄、失能、半失能、活动受限的老年人完成洗澡、沐浴活动。

助洁服务包括室内清洁和专项清洁服务，室内清洁主要是对老年人居住房屋的打扫，专项清洁包括老年专用设备、老年人衣物、床品等其他老年人需要清洁的设备和物件。

助行服务是指运用专业运送工具等帮助失能、半失能老年人解决出行问题。

助医服务是为老年人提供协助医疗服务的非医疗行为，包括对老年人健康教育、养生指导、出院延续照护等服务，依据医嘱对老年人进行医疗护理、功能康复等护理服务。

助急服务是指针对突发的健康或安全时间做出紧急处理。如突然性疾病或慢性病突然加重等危险甚至危及生命的突发性病情的紧急处理，以及对老年人其他呼救事件的紧急处理。

老年康养服务的种类繁多，目前市场上较为普遍的为以上几类，除此之外还有助娱、精神慰藉等方面的服务，在此不一一详述。

针对康养服务需求相关问题，除老年人本身的需求，还要考虑其子女等家庭成员对价格、服务形式等多方面的需求。根据国家统计局公布的数据（如图3-5、图3-6所示），我国居民人均可支配收入在不断提升，与此同时更应该考虑居民收入间存在的差异性，避免需求误判等问题的出现。

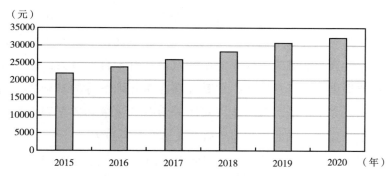

图3-5 2015～2020年全国居民人均可支配收入

资料来源：国家统计局。

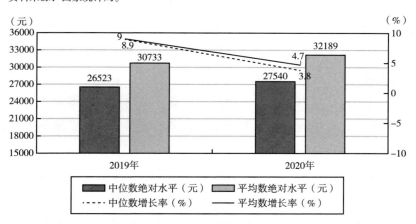

图3-6 2019～2020年全国居民人均可支配收入

资料来源：国家统计局。

4. 康养服务需求特性分析

康养服务个性化等特点使得其在服务需求上表现出独特性，表现为以下两点。

（1）公共服务属性。不同于普通商业模式，针对老年人的康养服务在经营目标、运营模式、服务范围以及服务内容等方面具有一定的公共服务属性，有一定的普惠性和社会公平性。不同于广义的公共服务，社区居家养老服务中心还可以为老年人提供一些个性化服务，在运营形式上类似于公立医院。

（2）差异性。不同城市由于经济环境、地理位置、人口特征、出台政策等方面因素不同，能够提供的老年康养服务也有一定的差异。各地提供的老年康养服务从其实际需求出发，因此在老年康养服务供给上存在差异性。如上海这种经济发达、老龄化水平也高的城市，提供的老年康养服务与经济发展水平较低的城市具有较大差异。

此外，老年人的性别、身体状况、文化程度、经济来源、婚姻状况等个体特征的差异，也会造成老年人对老年康养服务需求的差异。

3.1.2　康养服务供给分析

2019 年，民政部印发《关于进一步扩大养老服务供给促进养老服务消费的实施意见》，指出要进一步扩大养老服务供给，促进养老服务消费，有效满足老年人多样化多层次养老服务需求。同时，随着人口老龄化程度的不断加深，国家全面推进"健康中国 2030"战略，康养产业正处于发展的有利点。多项政策推动下的康养产业服务供给应该牢牢把握住发展的关键特性，针对产业发展存在的特性进行具体且有针对性的供给分析。

1. 康养服务供给主体分析

随着康养服务体系的初步构建，康养市场也在逐步向更为丰富的康养服务市场倾斜发展，由政府福利性事业向市场化产业方向发展，养老服务供给的丰富使康养服务市场参与主体不断扩充。目前，国内养老服务供给主体主要分为市场盈利型养老机构和社会福利型养老机构两种（如

图 3 - 7 所示）。其中，社会福利型养老机构以政府为主导，由国家补贴进行基础养老服务，满足老年人的基本养老需求，社会福利型养老机构分为政府收益型和政府福利型两类；市场盈利型养老机构主要以民营化、市场化方式运作，根据需求层次进行用户划分，有针对性地为其提供个性化服务，目前常见的供应商主要由房地产公司、保险公司等主导，企业依托主营业务向养老产业拓展。与之相比，康养服务产业的供给主体在养老的基础之上将服务向健康、养生等多方面发展，不仅包括健康检测、精神文化照料等常规服务供给，还发展了医疗旅游、健康膳食等相关产业。

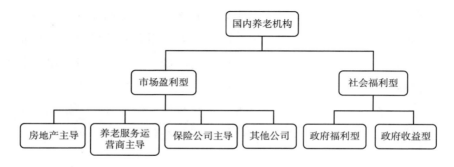

图 3 - 7　康养养老服务主体类型架构

资料来源：政府公开资料，艾瑞咨询研究院。

政府、市场、社会主体发展失衡，难以发挥市场机制下基础配置作用，无法持续健康发展。目前我国康养市场仍是以政府和家庭为主，市场机制协调配置作用发挥还有待进一步优化，社会也应有效发挥作用。同时，现有的康养服务供给品类不足且同质化现象严重，服务供给质量与需求严重不匹配，亟须有效改进。

康养需求发生巨大转变，相应地对康养服务供给的要求也就越来越高。社会发展转变的大趋势下，我国康养服务供给也在逐渐由养老产业服务供给扩充为养老产业服务供给和大健康产业服务供给两个部分，逐步向专业化、科技化转变。

随着康养服务体系逐渐发展，康养服务供给体系将不断趋于完善。康养服务供应商利用国家政策发挥企业优势，整合现有资源，针对社会康养服务诉求，进行产业服务供给优化，与时代发展同步。康养服务市场供给的优化可以进一步推动产业发展，激发康养服务及相关产业市场发展潜力，激活效能，带动地区经济发展。

2. 康养服务供给内容分析

目前我国康养服务供应商整体运作存在一定问题，对数据信息的把控不够全面，分析不够透彻，导致不能及时有效把握市场导向，影响对康养服务资源的有效合理配置。

（1）基础设施供给。我国康养产业发展最基本的要素就是基础设施建设，生活水平的提高对基础设施建设供给的要求在不断提高。目前，康养机构基础设施建设大多停留在简单的设施供给，与服务设施需求水平和产业发展目标存在较大差距，而且专业设备供给数量少，导致供给选择性少且灵活性差，有限的供给条件难以满足社会健康养老需求。目前来看，康养设备还大都停留在开发设计展览阶段，大部分是概念性科技产物，高昂的费用使得成本过高，造成产品普及率和购买率极低。而且作为服务性产业，应更多以需求为导向进行产品设计，注重适老化设计。

（2）专业服务人才供给。康养服务的快速发展导致了极大的人才缺口，专业康养服务人才的有效供给对老年人服务需求的满足具有重要积极意义。起步阶段的康养服务从业人员大多并不具备专业知识技能，照料服务水平偏低，无论是在专业性还是人员素质等方面都有很大的缺陷，不仅不能体现康养的优质服务质量，还有可能造成服务需求方对康养的错误认知，在社会老年人群体中形成不好的口碑，成为康养服务产业后续发展的重要隐患（刘淇，2015）。随着康养服务的认知更为全面，康养产业针对的用户群体越来越丰富，服务供给类别多样。因为专业人才的需求也存在维度广、跨度大等特殊属性，所以除人才数量及专业度等基本需求，康养服务供给还应考虑人才队伍的扩大和服务人才维度的拓宽。

（3）服务内容供给。现阶段，国内康养服务主要以养老服务为主，具体呈现为两种形式：一是由专业人员上门提供服务，二是以在社区内部创办老年人日间照料服务中心的形式进行服务内容供给。现有的服务内容供给内容已经较为广泛，主要有生活照料类、医疗保健类、文化教育类、法律维权类、体育健身类、志愿服务类以及应急救援服务类。但目前的康养服务供给还是以家政、送餐等生活照料类基本养老服务为主，健康检测、医疗旅游、营养膳食、文化教育类、应急救援服务类等康养服务内容供给覆盖范围还存在极大进步空间，医疗健康、精神关怀等多元化服务还存在发展的局限性，尚未形成完整且全面的康养服务供应链。除日常生活照料服务欠缺问题，现有服务难以满足市场需求，且存在供给价格较高、服务质量难以保证等多种问题，拥有极大进步和发展空间。

3. 康养服务供给优化方向

（1）服务供给方式多样化。康养服务刚刚起步，市场总体缺乏全面而深入的认识，而且康养服务产业面向的服务群体数量较多且存在个性化特点，造成服务供给质量不高，难以满足个性化需求。个性化需求作为康养服务产业供给对象的一个重要特征，在康养服务供给优化中要重点考虑。通过研究可以发现，康养服务需求虽然存在个性化和多样化等特点，但其仍存在共性，可以进一步明确康养服务供给客户群定位，针对当下中老年人的生存发展和需求现状确定产品类别及服务方式，将中老年人服务需求进行分类整合、模块化处理，对服务供给进行调整优化，以提升客户服务满意度。

（2）服务供给人才体系建设。高质量的康养服务人才体系建设是康养服务产业发展的重要核心。政府与企业、机构应根据市场服务需求，加紧人才培养，积极寻求与相关机构、院校的合作，提高服务人员选拔标准，保证中老年人对康养服务质量的需求。严格依照康养服务供给需求进行专业化人才培养，形成专业且强有力的人才队伍，加快建设专业化康养服务人才体系。

（3）加快推动供给创新。应加紧推进康养产业创新发展，使得康养产业更快更好地与移动互联网、物联网、大数据、云计算等新兴技术、产业深度融合。以需求为导向，方向清晰、目标准确地推动康养服务产业发展，是应对国家人口老龄化问题、提升中老年人生活质量和人民幸福感的重要举措。

国家目前正在全力推进医疗卫生与养老服务的结合，应当以此为思路，为客户提供更全面、更为专业的护理服务，同时充分依托互联网发展成果，加快康养服务产业信息化、智能化建设，做好康养服务信息资源整合与对接，优化产业发展环境，推动康养机构专业化建设与发展。

3.2 康养服务供应链内涵与结构

3.2.1 康养服务供应链内涵

2011 年，养老服务供应链的概念被首次提出，随后养老服务供应链的内涵得到不断丰富。石永强等学者依据养老服务供应链内涵初步构建了养老服务供应链模型，模型由提供商、集成商和老年客户三级组成（石永强等，2011）。迈克尔·库恩（Michael Kuhn，2011）等则从完全信息和不完全信息两种情形下进行研究，探讨不同情形下的最优服务水平。我国一些学者在已有研究的基础之上，将养老服务供应链拓展，并进一步探讨单层级与多层级养老服务模式选择问题（张丽娜，2012；柳键等，2013）。

康养服务作为养老服务的扩充，本书认为康养服务供应链是在养老服务供应链的内涵上进行扩充和丰富。参考国内外学者对服务供应链的理解，一般认为康养服务是供应链供给的对象，其作为供应链的重要组成部分而存在，通过整合服务资源提升服务供应链的整体效益。虽然现有养老服务相关研究在逐渐增多，但康养服务供应链研究仍处在理论研究的起始阶段，并且相关配套设施及产业发展并不成熟，存在供应链内外部组织结构松散、资源整合度低等问题，需要进一步深化研究。除此之外，其与普通养老服务供应链的差异在供应链的多个环节中都有所体现，特别是在供给环节，康养服务对老年人个性化服务需求的考虑比重往往更大，创新服务模式对服务供应商和集成商提出了更高的要求等，都是服务供应链研究中的重要着眼点。

结合服务供应链的概念和其他产业与服务供应链融合发展的成功经验，

本书认为康养服务供应链以康养服务客户需求为导向，高效整合康养服务供需中的信息流、资金流与服务流，为需求客户提供的服务更为系统、高效的服务。

3.2.2 康养服务供应链结构

康养服务供应链是一种集中式服务模式，通过各部分资源整合，实现康养服务有效供给。康养服务供应链结构主要包括三部分主体参与者：服务供应商、服务集成商、服务需求者，三大主体参与者通过服务流、信息流和资金流的流动实现资源有效传递（如图3-8所示）。整条服务链以服务为主导，康养服务既占据整条供应链的主体地位，同时也是保证整条服务供应链高效运营的重要基础部分，供应链通过集成式信息资源整合，不断改善康养服务供给模式，优化供应链运营效果。

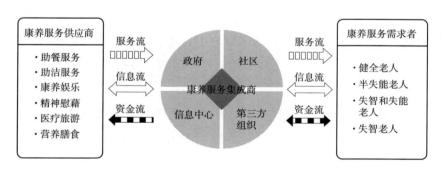

图3-8　老年康养服务供应链结构

资料来源：纪伟（华南理工大学，2019）博士论文18页图2-1。

1. 主体参与者

（1）服务供应商。服务供应商是供应链服务实现的重要环节，同时也是服务供应链质量评估的重要参考依据。服务供应的水平直接关系到整条供应链管理质量，服务供应的优化直接关系服务供应链的发展及运营。

服务供应商由提供衣、食、住、行、医、娱等众多功能的企业组成，消费者需要服务时由对应的供应商提供服务。康养服务供应链中的服务供应商包括了康养服务的产品供应者、服务供给者以及整合了实体产品与服务的集成供应商。功能型康养服务供应商为康养服务提供基础设施、产品，帮助搭建康养服务社区，同时专业护理人员根据顾客需求提供专业个性化的康养服务，覆盖助餐类服务、助洁类服务、助卫类服务、精神慰藉类服务、医疗旅游、营养膳食等，保证了日间照料、文体娱乐、医疗康养、健康饮食等多类型服务供应，有效避免单一服务供应难以满足康养服务需求的难题。

（2）服务集成商。服务集成商是指康养服务中心或第三方机构，一般是指政府机构、社区自有康养服务中心以及第三方组织等。服务集成方主要负责对康养服务质量的监管与运行，有效连接康养服务的需求与供给方，对整个康养服务供应链中的信息进行整合，按照消费者的需求订单合理分配供应商为消费者提供服务，并对老年康养服务机构的日常运营进行协调管理，同时做到降低服务成本、提高服务质量，保证供应链的正常、高效运作。

服务集成商是康养服务供应链的核心，通过与供应商和消费者的相互联系协调管理整条服务供应链的服务流、信息流和资金流，整合老年人的服务请求，平衡供应商的服务供应，监控供应商的服务质量。因此，服务集成商的服务质量很大程度上影响了康养产业的发展，服务集成商对设备和相关设施的投入能够部分体现康养服务水平，对后续康养服务质量水平有很大的影响。同时，服务集成商的管理水平也是体现服务质量的一个重要方面，管理能力直接影响服务集成商对康养服务资源的有效配置，高效的管理水平是康养服务的重要保障。服务集成商在未来发展中应该加强服务质量管理，建立并完善质量考核、风险监管机制，不断提高服务质量，建立完善的风险监管系统。

（3）服务需求者。服务需求者是整条供应链的需求来源，拉动供应链的运作，一般指有康养需求的中老年人，现阶段仍以老年人为主，但一般老年人的相关家庭成员以及社会组织、相关机构在供应链中也会充当服务需求者的角色，对服务供应链产生一定程度影响。在服务供应链的服务供给类型探究中，要充分考虑客户的真实诉求，并以此为基础进行供给优化。根据马斯洛需求层次理论，康养服务供应链中的服务需求可具体化为饮食、医疗、卫生、日常照料和文化娱乐五个方面，具体服务供给中根据实际需求情况进行资源重组，保证服务有效供给。

同时，需求者的满意度与服务供应商和服务集成商的服务质量与利润紧密相关，康养服务价格的波动，同样能够影响康养服务供应情况。

2. 信息流

信息流贯穿于整条康养服务供应链，是供应链正常运行的重要前提。康养服务供应链中的所有主体的信息都应是共享的，使得供应链各个部分能够透明、公正地共享必要的信息资源，有效提升信息内容的共享性，实现供应链各环节的有效衔接，进而保证服务内容及形式满足康养服务需求，最终实现信息融合，资源合理有效配置的目标。

康养服务供应链中传递的信息主要包括老年人基本信息、服务需求信息、服务供应内容信息以及对服务的反馈信息等。以康养服务集成商为中心，连接着康养服务的供需，与康养服务供应商、康养服务需求者之间进行着双向的信息传递。服务集成商通过服务需求者获得老年人基本信息并进行数据信息处理，服务供应商通过服务集成商获得处理后的需求信息，进一步根据需求者的康养服务诉求及老年人实际状况进行服务匹配供应，根据老年人诉求提供不同程度和不同类型的康养服务，将信息进行反馈，等待服务需求者的选择。在服务供给的过程中，可以根据需求者的信息反馈进行供给服务改进，不断优化康养服务供应链的运营及服务能力，对整条康养服务供应链的运行起着重要作用。

3. 资金流

资金是服务供应商与集成商价值实现的重要资源，是盘活整条服务供应链的关键因素，康养服务交易为服务供应商进一步业务拓展及项目产品改进提供了资金支持，带动了服务优化。服务供应商依据调研结果进行项目设计与开发、服务与资金供给等，并进一步将信息与资金等进行整合，以供需求者选择；服务需求者依据自身实际状况和个体需求进行选择，通过自主购买或政府购买的形式支付服务产品费用；但还是需要供应商与集成商对资金进行合理规划，才能产生增值效果。

4. 服务流

服务是整条康养服务供应链的核心，与产品不同，服务无法运输或储存，只能以服务流的形式来实现康养服务交易。服务流一般是指供给服务活动从规划到设计再到执行的全过程，在康养服务供应链中可理解为康养服务及产品的设计、开发、组合及分销等过程（陈晓华，2020）。需求者对康养服务的需求是服务流流动的起点，是服务供应商进行康养服务供给的出发点和最终落脚点。需求拉动供应商进行服务供应，并以服务流的形式传递给需求者，满足需求者的康养服务需求，实现服务价值。

服务供应商根据前期调研成果及市场需求的发展演变进行服务分解，对现有服务供给进行服务设计，并进行服务组合，进而依据需求者的服务需求进行服务供给，使得最终的服务供给尽可能贴合服务需求，确保服务供给质量最优，康养服务供应链能够快速响应客户养老服务需求。

康养服务供应链综合服务供应商、服务集成商、服务需求者三方，集中整合信息流、服务流、资金流，整个服务提供过程充分考虑中老年用户对康养服务的个性化需求，并进一步优化对服务对象需求的拆分与组合，力求做到综合全面考虑，快速响应客户养老服务需求。

3.3　康养服务供应链特点与运作模式

在我国人口老龄化程度持续加剧的发展大背景下，供应链理论为康养服务提供了全新的发展管理思路，为日益发展壮大的康养服务产业提供了全新的管理理念。此前，服务供应链主要应用于旅游、物流、金融等服务相关领域，但随着康养事业发展，服务供应链的相关理论研究及应用逐渐向康养服务领域渗透，推动康养服务供应链的相关研究逐渐深入，高效推动了我国康养产业优化发展和康养服务供给水平的提升。

3.3.1　康养服务供应链特点

康养服务供应链融合了服务流、资金流和信息流，将康养服务产业中服务供应商、服务集成商和服务需求方进行整合，是一条功能型服务网链。整条供应链中的参与要素众多，参与方对各参与要素的评价指标存在差异，导致供应链呈现多样化且多变的特点。通过具体且细化的服务供应链特点分析，切实有效地把握供应链运作流程，保障供应链的高效运营。

1. 个性化服务需求

康养服务供应链中的服务需求具有个性化特征，服务需求方往往表现出异质性、不确定性等特点，容易导致康养服务供应链出现较大波动，整体稳定性水平较低。考虑个性化需求的康养服务供应链各主体都应从顾客个性化需求出发，把顾客效用和满意度最大化作为服务提供目标，进而使得康养服务供应链的价值得到更有效体现。

从康养服务市场服务需求方的角度进行分析，需求群体数量庞大且在健康水平、经济水平、文化程度、个人偏好等多方面都表现出巨大差异，导致老年人实际养老服务需求逐渐呈现个性化和差异化，对康养服务中的饮食、医疗等的多样化需求侧重点各有不同。调查研究结果显示，63.92%的人表示需要个性化养老服务，通过进一步回归分析可以发现，经济因素和老年人主观因素在个性化服务需求影响因素中占有重要比重（张海川等，2017）。老年人可支配收入的不断上涨为其个性化需求提供经济基础，康养的服务新形式为个性化养老提供发展载体，使得康养服务供应链个性化需求呈现不断上涨的趋势，成为康养服务供应链中不可忽视的重要因素特征。

2. 柔性、快速的服务反应

养老主体间的差异导致康养需求呈现多样化，不同经济水平和不同健康状态等都对康养服务提出了不同程度的要求，康养产业应重点关注老年人群体普遍存在的疾病问题，健康是养老的重要环节，以此保证医疗保健服务能够最大可能满足并且快速响应老年人康养需求，进而实施有效管理、合理分配资源。在满足基本需求的前提下，服务供应商、服务集成商和服务需求者三方互相配合，实现需求与供给的高效匹配，康养服务集成商组织协调供应链三方供需，实现高效调配；服务供应商对消费者需求快速反应，进而保证服务供给的高质量。

目标用户经济水平以及对康养服务的接纳程度在发生变化，市场供给服务的技术水平等也在不断优化，市场需求与供给都存在波动，康养服务供应链必须保证快速的服务反应，以应对不断变化的市场情况。康养服务供应链柔性、快速的服务反应特点切实提升了服务链的反应速度，一定程度上防止了牛鞭效应的产生，使得康养服务供应链现存问题得以解决，供应链运行效果不断优化。

3. 信息流、服务流、资金流高效融合

目前康养服务体系中许多运营单位存在较明显的独立倾向，缺乏合作共赢的发展意识。康养服务供应链将各参与主体整合起来综合考虑，做到对供应链内外资源整合和协调处理，实现了对资金和服务资源的合理分配，改变了康养服务各参与方相互独立的状况，实现对信息流、服务流、资金流的深度融合，推进康养服务供应链高效运转，大大提高了服务供应链综合服务水平。同时，供应链各参与方信息的融合共享能够及时解决合作中出现的各种问题，既节约了时间成本，也有效避免了康养服务供需方由于信息不对称造成的误解与损失，很大程度上规避了服务交易过程中不可预测的道德风险，实现服务供应链各环节的有效融合和供应链的健康高效运作。

3.3.2　康养服务供应链运作模式

康养服务供应链一体化程度与服务质量有着重要联系，有学者通过探讨奖惩契约对养老服务供应链的影响，得出结论：服务供应链一体化程度越高，其提供高质量养老服务的可能性就越大，康养服务供应链也是如此（张智勇等，2016）。

现阶段我国康养服务供应链运作模式相关研究还较少，现有康养服务产业仍处在不断建设和优化阶段，各体系、模式还存在不小的局限性。康养服务的运营模式有多种，针对年轻消费者以及中年消费者的服务大多是社会企业经营，针对老年人的康养服务运营模式分类较多，不同模式下的供应链结构也有所不同。

1. 政府主办、层级联动

政府主办、层级联动是一种自上而下管理,由各级政府、街道和社区利用行政强制力进行推动的运作模式,负责康养服务的各层级人员通常也是行政机构职能人员。该模式下资金来源主要是各级政府的财政拨款、各级行政组织自筹以及社会福利事业,以康养产业中的养老产业为主。这种模式下,养老服务中心可以通过整合周边"15分钟圈"内的生活服务、医疗卫生服务和文化娱乐设施等资源,为老年人提供养老服务和相互交流的平台,从而为老年人提供了更好的居家养老环境,其服务链结构如图3-9所示。

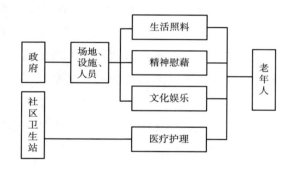

图3-9 政府主办模式老年康养服务供应链

资料来源:仁宗伟(哈尔滨商业大学,2019)硕士论文16页图3-1,有修改。

中老年康养服务模式从主办到管理都是由政府进行主导,自上而下逐步推动,好处就是能够得到来自政府到人民群众的普遍重视,有利于康养服务事业的落地,相关政策在群众中更易得到认同和推广。但与此同时,该模式也存在一定的弊端,如政府包揽养老服务一切事务,使得社会新鲜血液无法加入,很容易造成服务机制的老化和落后,使得服务供给难以满足老年人个性化需求,此外,还存在服务供给内容单一、服务供给效率难以保证等问题。

2. 政府主导、公建民营

在政府主导、公建民营这一运作模式下,政府并不直接参与康养服务供给管理，而是通过建设或资助民间组织进行康养服务供给，政府通过政策和运营标准制定以及康养服务供给规划等参与服务活动，其服务链结构如图 3 – 10 所示。

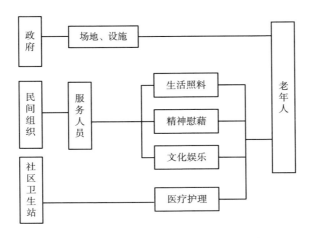

图 3 – 10　公建民营模式老年康养服务供应链

资料来源：仁宗伟（哈尔滨商业大学，2019）硕士论文 16 页图 3 – 1，有修改。

该服务模式充分发挥了政府的主导作用，通过政府宏观调控做到政企、政事分离，使得政府做到在有限运作成本的条件下，实现了资源利用效益最大化。同时，政府政策推动更多非营利性服务组织与机构落地，进一步扩充了康养服务事业供给主体，推动产业不断向好发展。与政府机构相比，民间组织的服务供给往往更为专业且服务供给的有效性更强。但该模式下服务推广存在一定难度，中介组织难以取得群众信任，这也对中介组织提出了更高的工作要求。因此，政府要合理把握管理力度，通过适度的管控与监管，推动中介组织更高效运行。

3. 政府资助、机构主办

政府资助、机构主办模式，即由政府出资，将服务事业委托给专业康养机构进行管理和运作，在该模式下，政府不再是康养服务供给的核心主体。目前，该模式大多应用于康养事业发展较好、机构运行专业化水平较高的城市地区。

该服务模式下的康养服务供给更为专业化、规范化，地区康养机构与政府的有效合作有利于推动康养事业快速发展，带动康养服务水平整体提升。但该模式下政府过度放权容易给后续机构运行带来麻烦，康养服务机构与管理者之间容易出现摩擦。

4. 政府购买、市场运营

政府购买、市场运营模式下，政府并不参与康养服务设施及相关机构的组织建设，而是以出资的形式直接向企业及民间组织购买康养服务。该服务模式充分发挥了市场在产品与服务供给方面的优势，为市场服务供应商提供了公正的竞争环境，同时极大地提升了服务整体质量和供给效率。但由于政府对企业的管控能力有限，难以保证企业高水平的服务质量，极易产生舍弃服务质量而一味追求企业利润的情况，使得康养需求与实际供给间的矛盾更为突出。其服务链结构如图 3-11 所示。

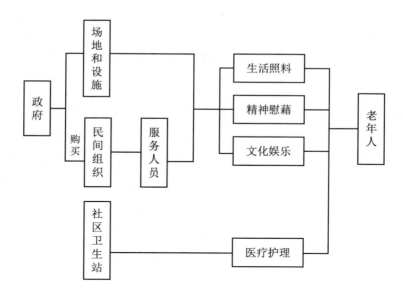

图 3-11 政府购买模式老年康养服务供应链

资料来源：仁宗伟（哈尔滨商业大学，2019）硕士论文 16 页图 3-1，有修改。

以上康养服务供应链运作模式各有利弊且都在不断改进优化，后续运作模式发展必然要针对各地区状况的不同，因地制宜，融合现有模式，充分考虑康养服务群体个性化需求，进行模式创新。

3.4 康养服务供应链的行为因素

康养服务供应链的行为因素对服务供应链的有效运作具有至关重要的作用，因此，必须进行从个体层面到群体组织层面的行为因素分析。

3.4.1 康养服务质量偏好

服务质量是服务供应链得以持续发展的基础和根本保障，而质量偏好具体是指服务供应链成员为实现服务供应链整体或成员效用最大化。对效用和服务质量关系的基本态度，也可以理解为服务供应链成员对服务质量及成本的容忍程度。

根据质量偏好的定义，质量偏好可以进一步被划分为质量喜好、质量中立和质量回避。质量喜好是指康养服务供应链成员对服务质量要求较高，在保证期望效用的前提下，愿意付出更多的成本来保证相对较高的服务质量。质量中立是指对康养服务供应链成员来说，质量并不是其所要考虑的核心要素，对服务质量持中立态度，既不会过分关注也不会轻视服务质量的重要性，在服务质量相关问题处理中保持理性。质量回避是指服务供应链成员看重服务质量成本而忽视了对服务质量问题的重视，其往往不会在质量相关问题中花费过多时间与成本，对其的喜好与重视程度往往不足。服务供应链成员的质量偏好不同，其对康养服务供应链质量问题的处理决策也会存在较大差异。通常，服务供应商的质量偏好与质量改进存在正相关，越看重质量偏好的供应商对质量问题做出的改进就越大，相应的资金和人力付出也会越多。

服务质量偏好是服务供应商对企业利润与服务产品质量关系态度的基本反映，在一定程度上影响着服务供应链的效用和策略选择。服务供应商根据质量偏好进行决策改进，质量偏好一定程度上影响服务供应效用，可通过回归分析等定量方法对其与需求之间的关系进行量化。有学者具体地将服务供应链运作划分为质量改进和保持两个阶段，构建具有质量偏好的服务供应链两阶段效用函数。通过对比研究发现，服务供应商的质量偏好能够在很大程度上影响服务供应链最大效用（张翠华，2017）。

在高客户关注度的时代，服务质量将成为康养服务产业快速向好发展的核心因素，康养服务供应链上的任一环节出现质量问题都有可能影响服务质量，影响供应链服务质量，降低供应链绩效。

康养服务供应商以优质的供给端服务刺激康养服务产业需求，带动康养产业快速发展，并逐步实现康养服务供应链协调，推动康养产业良性发展（马跃如，2020）。服务供应链的质量控制问题研究主体由集成商与提供商组成，服务监管质量、服务响应速度以及供应链信息对称情况等都是影响康养服务质量的重要因素。服务集成商作为监管方对供应链运营问题及时进行处理，以此保证供应链高质量运行。

此外，将信息共享机制引入康养服务供应链能够进一步提高康养服务供应链服务质量。需求方与供应方信息对等，快速反应、高效处理，整条供应链高效协调运作，有效避免了服务内容与质量偏好不对等问题的出现，帮助康养服务供应商和集成商正确决策。同时，不同康养服务供应链间也应协调配合，实现对资源的整合，充分利用和分配康养资源，在合作竞争中实现双赢，共同进步。除此之外，养老服务反馈是供应链服务质量改进的关键阶段，在这一阶段，可以以信息数据为参考，将康养服务需求者的服务诉求与服务完善建议等反馈信息进行收集整理，进一步改进和创新，以达到服务质量水平提升的目标。

服务质量提升后就进入质量保持阶段，在这一阶段，供应链服务供给已经趋于稳定，服务质量能够基本满足服务需求者的需求，其目标主要是维持服务供应质量，尽可能减少服务供给的边际成本，进而提升利润。

3.4.2 康养服务的社会责任

传统康养产业主要由政府主导和控制，在当前康养服务供应链下，应更加强调社会主导，社会主导下的高质量康养服务供给能够更好地满足社会公众的康养服务需求，通过服务供给的逐步完善，提高人民生活幸福感，帮助解决社会普遍存在的养老难等问题。在解决好康养问题的同时，还可以缓解国家老龄化社会下存在的诸多隐患。

康养服务供应链成员在发展中享受着国家各种优惠政策和先进发展成果，社会提供的各种便利资源以及供应链带来的便捷性服务，但与此同时也应承担起更广阔的社会责任。供应链成员的社会责任不仅包括成员自我利益的实现，还应当认识到自身在更深刻的层面上所应担负的社会责任，在享受着国家与社会带来的各种便利的同时，给社会以回馈，为国家稳定与进步发展助力。康养服务社会责任要求企业与机构在经营活动中更加注重个人价值与利益的实现，超越传统经营目标理念，更多地把环境责任、慈善责任等放在重要位置。

1. 经济责任

康养服务供应链的经济责任表现为供应链供给服务产品的水平，体现在服务需求者对康养服务的评价上。企业在保质保量的服务供应前提下尽可能节约开发成本，进而压缩用户康养服务成本，花费尽可能少的费用，达到效益最大化。与此同时，通过服务产品开发和研究，带动劳动人员经济水平提升，反过来推动康养服务参与者数量增加。

2. 法律责任

康养服务供应链的法律责任表现为服务供应链的供应商与集成商都是合法企业，其经营行为等必须严格遵守法律、行政法规，符合法律法规要求。无论是供应商还是集成商都应具有责任意识，为行为负责并承担经营活动中产生的一切责任与后果，自觉地遵守社会公德，维护自身合法权益。

3. 道德责任

道德责任是社会发展规律及原则规范的重要反映，无论是企业、机构还是个人都应保有该重要品质。道德责任的认真履行，保证了康养服务供应链的高效运转，避免由于供应链部分成员道德丧失造成的全局性损害。同时，道德责任的背弃，很有可能给康养服务带来负面影响，给行业发展造成阻碍。

其中，慈善责任作为道德责任的一部分，主要通过企业公益行为等得以展现。各组织机构在康养服务产业获利的同时，也应当拿出一部分收益投入慈善事业以回馈社会，从而更好地推动产业发展，帮助普通家庭缓解养老压力。

政府给予康养服务供应商政策支持和技术研发优惠，帮助推动康养产业发展进步。相关机构给予部分需求者补助，放低康养市场准入门槛，进一步扩展康养服务供给范围，使得康养产业发展成果惠及百姓。除政府机构，企业也可以在康养服务供给中给予价格补助，出售或开放产业发展核心内容以推动社会其他康养服务机构改进技术与服务组织形式。

4. 环境责任

环境责任是指企业或个人依据其在环境中所处地位的不同，对环境整体维护过程中应承担的责任。通常，环境责任主要包括污染者付费、开发者保护、利用者补偿和破坏者恢复。康养机构的环境责任一部分与慈善责任相重合，另一部分则体现为在康养服务经营过程中对环境发展的贡献。

企业与机构在生产经营过程的各环节都应将环境责任作为重要准则，在产品设计研发、项目建设、项目推广等各流程，都要严格按照国家标准，遵循环境影响评价制度，减少或避免对环境造成的破坏。

3.4.3　康养服务信息共享

信息共享是指不同层次及不同部门间的信息交流和互换，通过信息共享可以实现对资源的合理配置和有效利用，利用有限的信息资源，实现最大程度的价值共创，大大提高资源的利用率。康养服务供应链信息共享机制的建立可以有效提高康养服务供应链的运行效率，为康养服务产业创造价值。但目前康养服务体系中许多运营单位存在较明显的独立倾向，各环节都在摸索阶段且相对分散，不同环节间信息的闭塞很容易导致供应链信息不对称，进而造成严重的牛鞭效应。

三部分参与主体的有效整合可以实现康养产业服务资源及资金的有效分配，通过信息流共享拉动资金流、服务流等的融合，进一步推动康养服务供应链的有效运转，使得供应链创造的价值大大提高。与此同时，供应链各环节的信息共享能够有效提高服务过程中问题解决的速率，系统高效地化解供应链中普遍存在的问题和风险，节约运营成本，实现康养服务供应链的健康运作。

3.4.4　康养服务供应链风险

康养服务供应链风险是在产业供应链运行发展中存在的一种潜在威胁，供应链上各参与主体作为一个有机整体，任何一个环节存在的潜在威胁都可能影响供应链的运行，令整条康养服务供应链蒙受损失。

康养服务供应链存在的风险主要体现在供应链参与主体与外部环境两个大的方面，康养服务供应链的各参与主体是供应链风险的重要来源。服务成本和服务质量是服务供应商的重要考核依据，对两个指标的考量是影响服务链供应商潜在风险的重中之重。服务集成商这一环节的风险则主要体现在集成商的服务质量和集成商对服务资源的合理有效配置。老年客户作为服务的消费者，其主要关注的是服务质量。供应链的运作以需求为导向，通常情况下，消费者对服务的信任度和满意度越低，其不再消费的可能性就越大，对供应链的有效运行存在严重威胁。而且，目前我国康养服务供应链存在参与主体功能定位不清晰的问题，政府康养机构与民间康养机构在政策、盈利等很多方面都表现出巨大的差异性，存在影响康养产业有序发展的风险。

康养服务供应链能否高效运行还受到政府政策影响，政府政策在康养产业发展中起到了重要的保障作用。康养服务供应链运作需要充分把握国家政策导向，及时调整运营策略。

康养服务供应链的有效运行是康养服务产业发展的重要内容，采取有效措施减小或规避供应链风险能够保证康养服务供应链的有效运行，大大提高康养服务质量，对康养问题的解决和康养产业发展具有重要意义。

3.5　本章小结

　　本章针对康养服务及康养服务供应链进行重点分析，从康养服务供需分析着手，深入挖掘康养服务发展现状及发展前景，并以供应链及康养服务发展分析为基础，从康养服务供应链内涵入手进行供应链结构分析，通过康养服务供应链特点及运作模式研究对我国康养服务供应链构建新的优化视角。最后，从服务供应链行为因素着手，分别从质量偏好、社会责任、信息共享和供应链风险几个视角做出阐述。本章内容为后续构建康养服务供应链质量评价模型以及模型的优化等问题奠定了重要基础。

第4章

康养服务质量评价模型研究

根据第 1 章对已有文献的分析，目前学者们对康养服务质量评价已有一定研究，但还存在一些不足之处：一方面，大多数研究为定性研究，没有用统计学方法进一步验证，缺乏对康养服务质量评价的定量分析；另一方面，现有的文献建立的康养服务质量评价指标体系较为复杂，没有统一标准。因此，考虑到康养服务的准公共服务属性和服务的特性，为了避免层次分析法主观性过强的缺点，本章将三角模糊数与层次分析法结合起来，降低层次分析法的主观性，并使用改进的 SERVQUAL 服务质量模型建立服务质量评价指标体系，运用 TFN – AHP 模型对服务质量进行综合评价，以老年人群体为例，探究服务需求者对当前康养服务质量的满意度。

4.1 康养服务质量评价指标体系构建

服务质量评价最常用的就是 SERVQUAL 模型，其是从有形性、可靠性、响应性、保证性、移情性五个维度建立的服务质量评分体系（章晓懿、刘帮成，2011）。服务质量评价模型最先是国外学者提出的，从"感知"角度出发，以感知的主观评价为依据，对服务质量进行评价，后在此基础上又形成了服务质量差距模型。国内对于服务质量评价的研究起步较晚，但是仍取得了一些研究进展，目前文献中研究服务质量影响因素的文章较多，对服务质量进行定量研究出来的结果多具有较大的主观性，这也是老年康养研究领域日后需要克服的问题之一。服务质量模型经过不断完善发展，已经被应用到许多行业，但是评价结果的准确性还有提升的空间，本章尝试将服务质量评价模型引入老年康养服务质量评价。基于 SERVQUAL 模型的可靠性、保证性、响应性、可感知性（有形性）和移情性，结合老年康养服务的公共服务特性，对 SERVQUAL 模型的五个指标进行改进，增加了可接受性指标，建立老年康养服务质量评价指标体系，如表 4 - 1 所示。

表 4 - 1　　　　　　　　老年康养服务质量评价指标体系

一级指标	二级指标	序号
可靠性（X_1）	提供的服务能满足大多数老年人需求	（X_{11}）
	能准时提供所承诺的服务	（X_{12}）
	能正确记录相关的服务内容	（X_{13}）
保证性（X_2）	提供的服务符合国家标准和规范	（X_{21}）
	服务人员具备专业的知识和能力	（X_{22}）
	组织的活动内容丰富、形式多样	（X_{23}）
响应性（X_3）	能及时响应老年人的需求	（X_{31}）
	能及时提供服务	（X_{32}）
	能明确告知提供服务内容和准确时间	（X_{33}）
有形性（X_4）	服务场所干净整洁	（X_{41}）
	服务设施种类齐全	（X_{42}）
	医疗设施、娱乐设施等数量充足	（X_{43}）
移情性（X_5）	针对顾客提供个性化的服务	（X_{51}）
	优先考虑顾客的利益	（X_{52}）
	服务人员工作耐心热情	（X_{53}）
可接受性（X_6）	提供服务的价格可接受	（X_{61}）
	从家到服务中心的时间和成本是可接受的	（X_{62}）
	对服务流程的接受程度	（X_{63}）

4.2　康养服务质量评价模型

4.2.1　常用评价指标赋权方法

权重系数用来量化指标体系中二级指标对一级指标及总指标的重要程度或贡献程度，当前确定指标权重系数的方法主要有主观赋权法、客观赋权法和综合赋权法三种。

1. 主观赋权法

主观赋权法是根据决策者的经验与知识等主观信息来确定指标权重系数，常用的主观赋权法有层次分析法、专家调查法与二项系数法等。

层次分析法将决策问题按总目标、各层子目标、评价准则直至具体的决策方案的顺序分解为不同的层次结构，然后利用求解判断矩阵特征向量的办法，求得每一层次的各元素对上一层次某元素的优先权重，最后再利用加权和的方法计算总目标的最终权重。层次分析法利用较少的定量信息使决策过程数字化，实现了定性分析与定量分析的结合，但层次分析法在使用中易受专家打分过程中主观性影响，权重可能反映现实也可能与现实偏离。

2. 客观赋权法

客观赋权法是通过数学方法对数据之间的关系进行分析确定指标权重系数，常用的客观赋权法有熵值法、离差及均方差法、主成分分析法等。

熵的概念起源于 20 世纪 40 年代信息论的创始人香农（Shannon），他将物理学中的熵理论引入到信息论中，实现对信息量的度量，提出了信息熵的概念。在信息论中信息熵是对信息不确定性的度量，与信息中的不确定性正相关，与信息中的信息量负相关。根据信息熵与信息传递的特点，熵权法将样本指标标准化后，统计样本中某一指标的波动情况，根据指标的不均匀程度，确定指标的权重系数。虽然熵权法在各个研究领域已有较多成熟的应用，但确定指标权重系数的过程中由客观数据得出，且指标的不均匀程度有时并不能反映其重要程度，在没有根据相关专家意见进行修正的情况下，其结果可能与实际权重系数存在较大的偏差。

3. 综合赋权法

综合赋权法是结合主观赋权法和客观赋权法的一种赋权方法，现有综合赋权法主要存在两种结构，一种是利用主观赋权法和客观赋权法分别计算出指标的主观权重和客观权重，将两者进行加权求和，确定指标的综合权重；另一种是在主观赋权的过程中，采用数学分析对专家意见进行修正，降低专家主观性的影响。

随着社会经济的不断发展，系统的复杂性与事物的不确定性不断提高，导致事物更具模糊特征。三角模糊数（triangular fuzzy numbers，TFN）可以用不确定信息的表达形式来刻画事物，它弥补了实数和区间数的不足。老年康养服务的评价是一个涉及多指标、多条件、复杂的综合判断问题，其评价结果可以用语言所表达的模糊概念表示。利用三角模糊数进行模糊综合评价可以较好地处理老年康养服务可及性评价主观性强、评价结论带有模糊性的问题，使评价更具科学性与针对性。因此，本章采用 TFN – AHP 模型对老年康养服务进行评价。

4.2.2 三角模糊数及其计算原理

模糊数是一种特殊的模糊集，该模糊集可表示为 $F = \{(x, \mu_F(x)), x \in R\}$。其中，$R$：$-\infty < x < +\infty$；$\mu_F(x)$ 为 x 的隶属度函数。

设有三角模糊数表示为 $\tilde{M} = (l_1, m_1, u_1)$，且 $l \leq m \leq u$，隶属度函数可表示为：

$$\mu_F(x) = \begin{cases} 0, x < l \\ \dfrac{x-l}{m-l}, l \leq x \leq m \\ \dfrac{u-x}{u-m}, m \leq x \leq u \\ 0, x > u \end{cases} \quad (4-1)$$

设两个三角模糊数序列 $\widetilde{A} = (l_1, m_1, u_1)$，$\widetilde{B} = (l_2, m_2, u_2)$，C 为常数，$l_1 \leqslant m_1 \leqslant u_1$，$l_2 \leqslant m_2 \leqslant u_2$，有如下运算性质：

$$\widetilde{A} + \widetilde{B} = (l_1 + l_2, m_1 + m_2, u_1 + u_2),$$

$$\widetilde{A} + C = (l_1 + C, m_1 + C, u_1 + C),$$

$$\widetilde{A} - \widetilde{B} = (l_1 - l_2, m_1 - m_2, u_1 - u_2),$$

$$\widetilde{A} - C = (l_1 - C, m_1 - C, u_1 - C),$$

$$\widetilde{A} \cdot \widetilde{B} = (l_1 \cdot l_2, m_1 \cdot m_2, u_1 \cdot u_2),$$

$$\widetilde{A} \cdot C = (l_1 \cdot C, m_1 \cdot C, u_1 \cdot C),$$

$$\frac{\widetilde{A}}{\widetilde{B}} = \left(\frac{l_1}{l_2}, \frac{m_1}{m_2}, \frac{u_1}{u_2} \right)$$

可以利用式（4－2）对三角模糊数进行去模糊化处理，其中 R_A 为三角模糊数 A 的等效非模糊数，

$$R_A = \frac{4m_1 + l_1 + u_1}{6} \tag{4-2}$$

计算指标权重具体过程如下：

首先，在构造研究问题的层次结构后，组建由 K 个专家组成的决策组，各专家通过对指标进行两两比较，评价它们相对于前一级元素的相对重要性，在评价的过程中，使用表 4－2 所示的三角模糊数标准进行两两比较。

表 4－2　　　　　　　　　　评价标准

重要度评价	三角模糊数
很高 VS（very strong）	(3/2, 2, 5/2)
比较高 FS（fair strong）	(1, 3/2, 2)
略微高 SS（slightly strong）	(1, 1, 3/2)

重要度评价	三角模糊数
相等 E（equal）	$(1,1,1)$
略微低 SL（slightly low）	$(2/3,1,1)$
比较低 FL（fair low）	$(1/2,2/3,1)$
很低 VL（very low）	$(2/5,1/2,2/3)$

资料来源：Samanlioglu F. Evaluation of influenza intervention strategies in Turkey with fuzzy AHP – VIKOR [J]. Journal of Healthcare Engineering, 2019, 2019 (31)：1 – 9.

其次，计算 K 个决策者的平均三角模糊得分 $\tilde{x}_{ij} = (1/K)(\tilde{x}_{ij}^1(+)\tilde{x}_{ij}^2(+)\cdots(+)\tilde{x}_{ij}^K)$，其中 $\tilde{x}_{ij}^K = (a_{ij}^K, b_{ij}^K, c_{ij}^K)$，i 指对应的一级指标，j 指对应的二级指标，得到模糊评价矩阵 $\tilde{X}$。

$$\tilde{X} = \begin{bmatrix} (1,1,1) & \tilde{x}_{12} & \cdots & \cdots & \tilde{x}_{1n} \\ \tilde{x}_{21} & (1,1,1) & \cdots & \cdots & \tilde{x}_{2n} \\ \cdots & \cdots & \cdots & \cdots & \cdots \\ \cdots & \cdots & \cdots & \cdots & \cdots \\ \tilde{x}_{n1} & \tilde{x}_{n2} & \cdots & \cdots & (1,1,1) \end{bmatrix}$$

将其标准化得到标准化矩阵 $\tilde{S}$，其中 $\tilde{s}_{ij} = (a_{ij}/\sum_i c_{ij}, b_{ij}/\sum_i b_{ij}, c_{ij}/\sum_i a_{ij})$。

$$\tilde{S} = \begin{bmatrix} \tilde{s}_{11} & \tilde{s}_{12} & \cdots & \cdots & \tilde{s}_{1n} \\ \tilde{s}_{21} & \tilde{s}_{22} & \cdots & \cdots & \tilde{s}_{2n} \\ \cdots & \cdots & \cdots & \cdots & \cdots \\ \cdots & \cdots & \cdots & \cdots & \cdots \\ \tilde{s}_{n1} & \tilde{s}_{n1} & \cdots & \cdots & \tilde{s}_{nn} \end{bmatrix}$$

然后，计算指标权重 $\tilde{w} = (\tilde{w}_1, \tilde{w}_2, \cdots, \tilde{w}_n)$，去模糊化后得到权重 $w_{cr} = (w_1, w_2, \cdots, w_n)$，进一步计算最大特征值 λ_{max}。

$$Xw_{cr}^{T} = \lambda_{max}w_{cr}^{T} \qquad (4-3)$$

最后，对结果的一致性进行检验，计算模型的一致性指数 CI 和一致性比率 CR，如果 CR 小于 0.10，则通过检验，否则不通过。

$$CI = \frac{\lambda_{max} - n}{n - 1} \qquad (4-4)$$

4.3　综合评价

4.3.1　数据来源

为使各个指标的权重赋值科学合理，本书先后邀请了高校科研部门养老研究领域的学者 2 人、老年康养服务管理人员 3 人，对二级指标的重要程度进行模糊评价并打分。

4.3.2　评价过程

本研究从 SERVQUAL 的 6 个维度出发，收集了老年康养服务管理人员和高校科研部门养老领域的学者专家共 5 人按照表 4-2 中的规则对表 4-1 中的各指标重要性的打分，打分结果如表 4-3 所示。

表 4-3　　　　　　　　　　指标重要程度打分

	X_1	X_2	X_3	X_4	X_5	X_6
	E	SL	SS	FS	FS	SS
	E	SL	SS	SS	FS	SL
X_1	E	SS	FS	FS	VS	SS
	E	SS	FS	FS	VS	SS
	E	FL	SL	SS	SS	SL

	X_1	X_2	X_3	X_4	X_5	X_6
X_2	—	E	FS	VS	FS	SS
	—	E	FS	FS	VS	SS
	—	E	SS	FS	FS	SS
	—	E	SS	FS	FS	SS
	—	E	SS	FS	VS	SS
X_3	—	—	E	SS	SS	FL
	—	—	E	SS	SS	FL
	—	—	E	SS	SS	SL
	—	—	E	SS	SS	SL
	—	—	E	SS	FS	SL
X_4	—	—	—	E	SL	FL
	—	—	—	E	SS	SL
	—	—	—	E	SS	FL
	—	—	—	E	SS	SL
	—	—	—	E	SS	FL
X_5	—	—	—	—	E	SL
	—	—	—	—	E	FL
	—	—	—	—	E	FL
	—	—	—	—	E	FL
	—	—	—	—	E	FL
X_6	—	—	—	—	—	E
	—	—	—	—	—	E
	—	—	—	—	—	E
	—	—	—	—	—	E
	—	—	—	—	—	E

利用计算指标权重的步骤和公式，对专家打分结果取平均数，整理得到模糊评价矩阵 $\tilde{X}$，结果如表4-4所示。

表 4 - 4　　　　　　　　　　　模糊评价矩阵 $\tilde{\mathbf{X}}$

	X₁	X₂	X₃	X₄	X₅	X₆
X₁	(1.000,1.000, 1.000)	(0.767,0.933, 1.200)	(0.933,1.200, 1.600)	(1.000,1.300, 1.800)	(1.200,1.600, 2.100)	(0.867,1.000, 1.300)
X₂	(0.867,1.100, 1.400)	(1.000,1.000, 1.000)	(1.000,1.200, 1.700)	(1.100,1.600, 2.100)	(1.200,1.700, 2.200)	(1.00,1.000, 1.500)
X₃	(0.667,0.867, 1.100)	(0.600,0.867, 1.000)	(1.000,1.000, 1.000)	(1.000,1.000, 1.500)	(1.000,1.100, 1.600)	(0.733,1.000, 1.100)
X₄	(0.867,1.000, 1.300)	(0.833,0.933, 1.3000)	(0.833,0.933, 1.3000)	(1.000,1.000, 1.000)	(0.800,1.000, 1.200)	(0.533,0.733, 1.000)
X₅	(0.900,1.200, 1.400)	(0.967,1.200, 1.500)	(0.933,1.000, 1.400)	(0.867,1.000, 1.200)	(1.000,1.000, 1.000)	(0.667,1.000, 1.000)
X₆	(1.000,1.400, 1.900)	(1.000,1.400, 1.900)	(0.933,1.400, 1.800)	(1.000,1.000, 1.400)	(1.000,1.000, 1.500)	(1.000,1.000, 1.000)

资料来源：Matlab 计算输出。

将模糊评价矩阵标准化，得到矩阵 $\tilde{\mathbf{S}}$，计算指标权重，结果如表 4 - 5 所示。

表 4 - 5　　　　　　　　　　　标准化模糊评价矩阵 $\tilde{\mathbf{S}}$

	S₁	S₂	S₃	S₄	S₅	S₆
S₁	1.000	0.950	1.222	1.333	1.617	1.028
S₂	1.111	1.000	1.250	1.600	1.700	1.083
S₃	0.872	0.844	1.000	1.083	1.167	0.844
S₄	0.794	0.658	0.944	1.000	1.056	0.794
S₅	0.671	0.621	0.894	0.972	1.000	0.744
S₆	1.000	0.944	1.250	1.333	1.417	1.000

资料来源：Matlab 计算输出。

利用 4.2.2 中计算指标权重具体过程，计算出去模糊化后的权重 $\tilde{w}_{cr}$ 如表 4 - 6 所示。

表 4 – 6 　　　　　　　　　去模糊化后的权重 $\widetilde{w}_{cr}$

指标	权重
U_1	0.131
U_2	0.106
U_3	0.184
U_4	0.212
U_5	0.232
U_6	0.135

资料来源：Matlab 计算输出。

通过计算最大特征值 λ_{max}，对判断矩阵进行一致性检验，计算一致性指数 CI 和 CR，最终得到 CR = 0.0205 小于 0.1，通过一致性检验，证明了模型的有效性。

4.4　本章小结

本章概括了当前老年康养服务的主要内容，建立了老年康养服务质量评价指标体系。提出了一种基于改进的 SERVQUAL 评价模型的评价指标体系，介绍了将三角模糊数与层次分析法结合的方法以及计算步骤，并基于提出的老年康养服务质量评价指标体系邀请专家打分，最终确定了各指标权重。结果显示，老年康养服务质量评价体系中可靠性指标和保证性指标权重占比最高，该模型为后续老年人满意度调查提供了基础，可以进一步对满意度得分较低的指标进行有针对性的改进。

第 5 章

老年康养服务质量评价模型优化研究

由于上一章节中利用 SERVQUAL 模型建立老年康养服务质量评价指标体系本身具有一定的局限性，因此本章在上一章节的基础上进行改进，将因子分析与 BP 神经网络结合运用，使其充分发挥自身具有的自学习能力，准确解决复杂的问题。

5.1 筛选评价指标的原则

本章采用在第 2 章中规定的老年康养定义。在已发表的有关老年康养的文献中，大多是对发展路径的研究，缺少对老年康养服务质量及影响因素的研究，因此本章以老年康养中的社区居家养老为例，参考社区居家养老服务质量评价的有关文献，深入研究影响社区居家养老服务质量评价的指标，本章构建老年康养服务质量评价模型时，在借鉴前人研究的基础上，根据实际数据选取适宜的评价指标。评价指标筛选要遵循的原则大致为：评价的内容要全面，评价的指标要一致，评价指标的含义要明确，评价指标的时效性要长，评价的指标要可行，可以真实反映居家养老服务质量的同时也可反映出老年康养服务质量水平（章晓懿、梅强，2011）。

评价指标的选取原则具体展开如下。

1. 全面性原则

将能够反映老年康养服务质量的指标尽可能多地筛选出来，保证最后建立的评价指标体系能够全面反映老年康养服务质量的各方面特征，从而提升老年康养服务质量评价的准确度，因此评价指标的涵盖范围一定要全方位、多层次、多维度。即使选取的指标不能做到真正的全面，也要保证指标体系包含能够真正影响老年康养服务质量的重要方面，从而保证评价结果的全面和准确。

2. 一致性原则

评价指标不求具有独特性，而是要尽量确保选取的评价指标应该适用于所有被评价的老年康养服务机构，不会因为地域、时间、对象的不同而影响老年康养服务质量评价结果的准确性，老年康养服务质量评价的标准要一致，评价内容也应如此。

3. 明确性原则

要明确评价指标的含义，说明指标衡量的具体内容，将指标衡量的标准表述清楚，避免含糊不清、模棱两可。各指标所衡量的范围不可过大，否则会造成评价结果的不准确，同时也不可过小，造成评价指标过多过细。

4. 时效性原则

在选取评价指标时要尽量选时效性长的指标。时效性短的评价指标会使评价结果缺乏稳定性和说服力，老年康养服务的评价指标在较长时期都具有相对的稳定性，在短时间内不会具有较大的波动性，因此会保证老年康养服务质量评价结果的稳定性和准确性。

5. 可行性原则

老年康养服务质量评价指标的选取不仅要保证指标的全面性，还要考虑指标是否可取。有的指标虽然可以在一定程度上反映养老服务质量，但不易收集，具有较大的主观性，无法进行量化，导致评价结果失真，因此可以借助收集的数据帮助筛选评价指标。

5.2　因子分析法

5.2.1　因子分析法基本思想

根据各个指标的相关性大小，把评价指标中相关性高的几个变量组成一组，并且要保证各组之间具有较高的显著性，这就是因子分析法的主要内容。利用 SPSS 软件中的因子分析法，对各原始变量进行分析处理，自动筛选出评价指标体系中的主成分，以此达到因子降维的目的，简化评价指标体系。因子分析法被众多学者应用到学术研究中，由于因子分析法具有较强的统计数据分析功能，通常被用来进行定量分析，以提高文章依据统计数据分析所得结论的客观性和准确性（胡光景，2012）。

利用主成分分析对初始的指标变量进行矩阵结构分析，找出影响老年康养服务质量评价的指标，通过运算处理使综合指标变为原来元素的线性组合，最终目标是既保留原来变量间的相关信息，又使得指标间不相关，这样更容易抓住主要矛盾进行问题分析（廖楚晖、甘炜，2014）。本章以社区居家养老为例进行评价模型的构建以及验证。

5.2.2　因子分析法分析步骤

1. 对给定的指标进行标准化处理

在实际应用时，指标的量纲有很大不同，因此需要通过预处理数据消除指标量纲的影响，将原始数据进行标准化处理。处理公式为：

$$x_{ij}^{*} = \frac{x_i j - \tilde{x}_j}{s_j} (i = 1,2,\cdots,n; j = 1,2,\cdots,p) \tag{5-1}$$

其中：

$$\tilde{x} = \frac{1}{n}\sum_{1}^{n} x_{ij}, S_j^2 = \frac{1}{n-1}\sum_{1}^{n} (x_{ij} - x_j)^2, (j = 1,2,\cdots,p) \tag{5-2}$$

2. 计算相关系数

利用相关公式计算处理后数据矩阵的相关系数。相关矩阵为实对称矩阵，因此只需要计算下三角元素即可。计算公式为：

$$\gamma_{ij} = \frac{\sum_{k=1}^{n}(x_{ki}-\widetilde{\chi}_i)(x_{ki}-\widetilde{x}_j)}{\sqrt{(x_{ki}-\widetilde{x}_i)^2\sum_{k=1}^{n}(x_{ki}-\widetilde{x}_j)^2}} \qquad (5-3)$$

3. 计算特征值与特征向量

4. 计算主成分贡献率及累计贡献率

主成分贡献率计算公式为：

$$\frac{\gamma_i}{\sum_{k=1}^{p}\gamma_k}(i=1,2,\cdots,n) \qquad (5-4)$$

累计贡献率公式为：

$$\frac{\sum_{k=1}^{i}\gamma_i}{\sum_{k=1}^{p}\gamma_i}(i=1,2,\cdots,p) \qquad (5-5)$$

一般情况下，当累计贡献率达到85%及以上时，只需选取少数公因子就可代表整个评价指标体系。

5. 确定主成分个数

选取主成分作为新的解释变量，只需要默认选择特征值大于1的主成分即可。

6. 计算主成分载荷

计算公式为：

$$I_{ij}=P(z_i,x_j)=\sqrt{\gamma_i e_{ij}}(i,j=1,2,\cdots,p) \qquad (5-6)$$

利用公式求解完主成分载荷后，可以进一步计算得到主成分得分，并根据主成分得分筛选主成分的个数，为以后确定评价居家养老质量的指标提供依据。

7. 分析计算结果

计算各主成分的综合得分，对新的评价因素进行排序、比较和分析。

5.3　因子分析法筛选评价指标

一般来说评价指标要尽可能全面，但指标过多会造成冗余，并不能增加评价结果的准确度，因此本章利用因子分析降维简化老年康养服务质量评价指标，保留重要的主成分，从而确定老年康养服务质量评价模型的关键影响因素。

5.3.1　评价指标的初步选取

由于上一章中老年康养服务质量评价模型存在着主观性大的缺点，因此，本章利用 BP 神经网络对老年康养服务质量评价模型进行改进，构建科学的养老服务质量评价体系。

本章在结合相关研究人员以及参考已有文献的基础上对老年康养服务质量评价指标体系进行了改进，最终分析得出将精神慰藉指标和休闲娱乐指标区分开来更有利于评价标准的界定，也有利于提高评价结果的准确性。因此本章选取生活辅助、健康护理、精神文化作为一级综合评价指标，并对二级指标进行详细划分，由此初步确定了老年康养服务质量评价的指标体系。老年康养服务质量评价指标体系的初步选取如表 5 - 1 所示。

表 5 - 1　　老年康养服务质量评价指标体系（初始版）

一级指标	二级指标	编号	指标来源
生活辅助	送餐服务	1	孙兆阳，2021
	膳食服务	2	廖楚晖，2014
	卫生清洁	3	孙兆阳，2021
	助浴服务	4	廖楚晖，2014

续表

一级指标	二级指标	编号	指标来源
健康护理	社区照料	5	孙兆阳，2021
	上门看病	6	孙兆阳，2021
	医疗护理	7	沈阳，2021
	药品代买	8	孙兆阳，2021
	心理咨询	9	孙兆阳，2021
精神文化	心理帮扶	10	廖楚晖，2014
	文体娱乐	11	孙兆阳，2021

通过查找国家以及各省市的老年康养政策法规，了解到提高老年康养服务质量的重要性，在学习相关政策法规的基础上，形成初始的调查问卷。预调查的调查对象选取部分康养服务机构的负责人和康养机构的老年人，有助于更好了解康养机构老年人对服务质量的满意度。初始问卷主要包括调查对象的基本信息，问卷主体部分主要包括生活辅助、健康护理以及精神文化三个一级指标，下分 11 个二级指标。通过预调查后调整了一部分问题，正式形成了老年康养服务质量评价体系的调查问卷。问卷主体部分增加了运营管理这个一级指标，下分 5 个二级指标，其他部分也补充了遗漏掉的关键二级指标，即正式问卷包括生活辅助、健康护理、文体娱乐以及运营管理四个维度，包括 20 个具体服务属性指标。老年康养服务质量评价指标调查问卷主要采用 5 个等级的李克特评价量表，1 分代表服务质量很低，即最低等级的评价；5 分代表服务质量很高，即最高等级的评价。老年康养服务质量评价体系如表 5-2 所示。

表 5-2　　　　老年康养服务质量评价指标体系（最终版）

一级指标	二级指标	编号	指标来源
生活辅助	送餐服务	1	孙兆阳，2021
	膳食服务	2	廖楚晖，2014
	卫生清洁	3	孙兆阳，2021
	助浴服务	4	廖楚晖，2014
	外出看护	5	问卷调查总结

续表

一级指标	二级指标	编号	指标来源
健康护理	社区照料	6	王媛，2020
	上门看病	7	廖楚晖，2014
	医疗护理	8	沈阳，2021
	药品代买	9	孙兆阳，2021
	康复训练	10	沈阳，2021
	心理开导	11	廖楚晖，2014
文体娱乐	益智棋牌	12	问卷调查总结
	歌舞活动	13	问卷调查总结
	体育健身	14	问卷调查总结
	上门聊天	15	廖楚晖，2014
	活动费用	16	许琳，2017
运营管理	人员资质	17	黄丽丽，2020
	人员配比	18	许琳，2017
	人员培训	19	问卷调查总结
	制度规范	20	黄丽丽，2020

5.3.2　建立主成分分析模型

1. 数据收集

本章选取的调查对象为河北省康养机构的老年人。调查中采用了简单随机抽样方法，在同一时段内，于河北省随机抽取 7 个康养机构，在抽中的每个康养机构中随机抽取 30 名老年人进行调查。实际发放调查问卷 210 份，回收 186 份，回收率约为 88.6%，其中有效问卷 169 份，有效回收率为 80.5%，保证了受试者与指标项数的比例不低于 5∶1。调查样本年龄分布在 51~98 岁；男性老年人为 114 人，占 54.29%，女性老年人为 96 人，占 45.71%；其中本科及以上学历的老年人有 72 人，占 34.29%，本科以下学历的老年人有 138 人，占比 65.71%；入住康养机构前，有 89 位老年人的职业为党政机关及事业单位工作人员，占比 42.38%。具体分布情况如表 5 - 3 所示。

表 5 – 3   调查对象基本信息分布情况

基本情况	问卷选项	频数	占比（%）
性别	男	114	54.29
	女	96	45.71
年龄	51～60 岁	9	4.29
	61～70 岁	94	44.76
	71～80 岁	70	33.33
	81～90 岁	32	15.24
	90 岁以上	5	2.38
职业	党政机关及事业单位工作人员	89	42.38
	个体工作者	21	10
	企业工作人员	34	16.19
	医护人员	8	3.81
	其他	58	27.62
学历	高中及以下	41	19.52
	大专	97	46.19
	本科	64	30.48
	硕士	6	2.86
	博士及以上	2	0.95

2. 信度检验

对收集到的 169 份有效数据进行 KMO 值和巴特利特信度检验，结果如表 5 – 4 所示。由此可以看出，KMO 值为 0.799，近似于 0.8，适合做因子分析。并且巴特利特球形度检验的显著性为 0，说明问卷中的各条目之间显著性十分明显，同样说明适合做因子分析（单奕，2015）。

表 5 – 4   KMO 值和巴特利特检验

KMO 值取样适切性量数		0.799
巴特利特球形度检验	近似卡方	2427.395
	自由度	190
	显著性	0.000

3. 确定公因子数量

各指标通过信度检验后发现适合做因子分析，因此，根据对 20 个服务质量评价指标的重要性评价数据，采用因子分析删除因子载荷低或解释不合理或不符合实际的老年康养服务质量评价指标，得到改进后的老年康养服务质量评价体系。

对原始数据进行处理后，根据表 5 – 5 以及图 5 – 1，可以分析得出主成分。

表 5 – 5　　　　　　　　　　　总方差解释

成分	初始特征值			提取载荷平方和			旋转载荷平方和		
	总计	方差百分比	累积百分比	总计	方差百分比	累积百分比	总计	方差百分比	累积百分比
1	5.794	28.969	28.969	5.794	28.969	28.969	3.781	18.903	18.903
2	4.218	21.092	50.061	4.218	21.092	50.061	3.620	18.098	37.001
3	3.040	15.199	65.260	3.040	15.199	65.260	3.551	17.754	54.755
4	2.784	13.921	79.181	2.784	13.921	79.181	3.469	17.344	72.099
5	1.987	9.934	89.116	1.987	9.934	89.116	3.403	17.017	89.116
6	0.468	2.340	91.455	—	—	—	—	—	—
7	0.399	1.993	93.449	—	—	—	—	—	—
8	0.261	1.307	94.755	—	—	—	—	—	—
9	0.223	1.116	95.871	—	—	—	—	—	—
10	0.203	1.014	96.885	—	—	—	—	—	—
11	0.161	0.807	97.692	—	—	—	—	—	—
12	0.124	0.619	98.311	—	—	—	—	—	—
13	0.105	0.523	98.834	—	—	—	—	—	—
14	0.079	0.394	99.228	—	—	—	—	—	—
15	0.050	0.252	99.480	—	—	—	—	—	—
16	0.046	0.230	99.710	—	—	—	—	—	—
17	0.027	0.134	99.843	—	—	—	—	—	—
18	0.017	0.083	99.926	—	—	—	—	—	—
19	0.010	0.052	99.978	—	—	—	—	—	—
20	0.004	0.022	100.000	—	—	—	—	—	—

从表 5-5 中可看出，前五个主成分累计方差贡献率达到了 89.116%，再综合碎石图（见图 5-1）的走势，可以确定选取前 5 个主成分即可对样本的社区居家养老服务质量提供情况进行描述和评价。表 5-5 中第六个主成分虽然特征值相较于剩余的成分大，但由于其特征值小于 1，其代表性不够强，故选择舍弃。

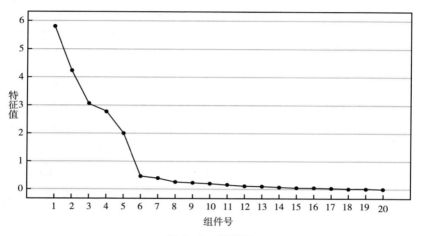

图 5-1　碎石图

碎石图的横坐标标注的是各因子的序号，而纵坐标代表的是各因子的特征值大小，由图 5-1 可以看出，纵坐标越高，代表的特征值越大，前五个因子的纵坐标均高于 1，可看出其所起作用很大，从第六个因子开始纵坐标大幅度降低，走势十分平缓，作用明显减弱，因此可以得出同表 5-5 一样的结论，即选取前 5 个因子作为主成分即可表示 89.116% 的指标。

4. 计算公因子得分表达式

旋转成分后，根据成分得分系数矩阵，如表 5-6 所示，计算出选取的 5 个公因子的得分表达式。

表 5-6　　　　　　　　　旋转后的成分矩阵

服务指标	1	2	3	4	5
送餐服务	0.974				
上门看病	0.960				
上门聊天	0.959				

服务指标	1	2	3	4	5
心理开导	0.955				
医疗护理		0.937			
康复训练		0.933			
助浴服务		0.911			
膳食服务		0.911			
卫生清洁			0.945		
外出看护			0.942		
社区照料			0.901		
药品代买			0.897		
体育健身				0.923	
益智棋牌				0.912	
歌舞活动				0.899	
活动收费				0.896	
人员配比					0.937
人员资质					0.920
人员培训					0.913
制度规范					0.891

注：提取方法：主成分分析法；旋转方法：凯撒正态化最大方差法。

经过筛选，不显示旋转成分矩阵中小于0.5的数值，可以发现所有变量在自己所在的列中都有大于0.5的载荷值，说明表中所有的变量均是有用的，所以不需要删除其中任何一个变量。从表5-6中可以看出公因子1上对送餐服务、上门看病、上门聊天和心理开导这四个指标影响最大；公因子2对医疗护理、康复训练、助浴服务和膳食服务这四个指标影响最大；公因子3对卫生清洁、外出看护、社区照料和药品代买这四个指标影响最大；公因子4对体育健身、益智棋牌、歌舞活动和活动收费这四个指标影响最大；公因子5对人员配比、人员资质、人员培训和制度规范这四个指标影响最大。最后可以根据各个公因子对各个指标的影响和关联程度，对5个公因子进行重新命名，对关联性强的因子进行综合考察。

下面根据因子得分矩阵计算公因子与各个指标变量之间的密切程度。如公因子 F 下的指标有 X_1、X_2、X_3、X_4，分别对应的因子载荷数为 X_{11}、X_{21}、X_{31}、X_{41}，计算公式为：

$$F = X_1 \cdot X_{11} + X_2 \cdot X_{21} + X_3 \cdot X_{31} + X_4 \cdot X_{41}$$

$$
\begin{aligned}
F_1 = &\ 0.028X_1 - 0.012X_2 + 0.021X_3 + 0.258X_4 - 0.009X_5 \\
&+ 0.028X_6 + 0.010X_7 + 0.017X_8 + 0.265X_9 - 0.021X_{10} \\
&+ 0.002X_{11} - 0.24X_{12} + 0.16X_{13} + 0.267X_{14} - 0.043X_{15} \\
&+ 0.008X_{16} - 0.019X_{17} + 0.031X_{18} + 0.260X_{19} - 0.012X_{20}
\end{aligned}
$$

$$
\begin{aligned}
F_2 = &-0.038X_1 - 0.282X_2 - 0.038X_3 - 0.003X_4 - 0.003X_5 \\
&+ 0.03X_6 + 0.275X_7 - 0.7X_8 - 0.012X_9 - 0.004X_{10} - 0.06X_{11} \\
&+ 0.295X_{12} - 0.058X_{13} - 0.018X_{14} - 0.003X_{15} - 0.051X_{16} \\
&+ 0.293X_{17} - 0.035X_{18} - 0.017X_{19} - 0.013X_{20}
\end{aligned}
$$

$$
\begin{aligned}
F_3 = &\ 0.269X_1 - 0.033X_2 - 0.013X_3 + 0.018X_4 - 0.021X_5 \\
&+ 0.27X_6 - 0.037X_7 + 0.001X_8 + 0.021X_9 - 0.013X_{10} \\
&+ 0.289X_{11} - 0.058X_{12} - 0.013X_{13} + 0.022X_{14} + 0.016X_{15} \\
&+ 0.289X_{16} - 0.044X_{17} - 0.031X_{18} + 0.005X_{19} + 0.003X_{20}
\end{aligned}
$$

$$
\begin{aligned}
F_4 = &\ 0.003X_1 - 0.055X_2 + 0.278X_3 + 0.009X_4 - 0.002X_5 \\
&- 0.014X_6 - 0.029X_7 + 0.291X_8 + 0.026X_9 - 0.008X_{10} \\
&- 0.019X_{11} - 0.048X_{12} + 0.293X_{13} + 0.02X_{14} - 0.026X_{15} \\
&- 0.026X_{16} - 0.06X_{17} + 0.284X_{18} + 0.031X_{19} - 0.006X_{20}
\end{aligned}
$$

$$
\begin{aligned}
F_5 = &-0.019 - 0.001X_2 - 0.003X_3 - 0.012X_4 + 0.264X_5 - 0.017X_6 \\
&- 0.025X_7 - 0.006X_8 - 0.037X_9 + 0.275X_{10} + 0.012X_{11} \\
&- 0.005X_{12} - 0.012X_{13} - 0.23X_{14} + 0.277X_{15} + 0.01X_{16} \\
&+ 0.010X_{17} - 0.018X_{18} - 0.007X_{19} + 0.278X_{20}
\end{aligned}
$$

根据计算结果可以得到各个公因子的综合得分，由于此得分是由实际调研数据统计分析得出，具有较强的可信度，因此将其作为评价的预期结果，通过与 BP 神经网络训练的结果进行比较，调整 BP 神经网络设置参数，缩小与预期结果之间的误差，直至网络训练完成。

5.3.3 主成分分析模型求解

因子旋转的本质是通过改变坐标轴的位置，使原始变量在尽可能少的因子之间有密切的联系，将因子结构进行简化，对新的因子进行重新命名以便更好地解释原始变量，但不改变模型对数据的拟合程度（朱亮、杨小娇，2019）。

由旋转成分矩阵可以看出，第一个公因子（Factor1）主要以送餐服务、上门看病、上门聊天和心理开导来反映老年康养上门服务的供给，可将其命名为上门服务因子；第二个公因子（Factor2）主要以医疗护理、康复训练、助浴服务和膳食服务来反映老年康养的生活照料服务的供给，可将其命名为照料服务因子；第三个公因子（Factor3）主要以卫生清洁、外出看护、社区照料和药品代买来反映老年康养服务的便利性，可将其命名为服务便利性因子；第四个公因子（Factor4）主要以体育健身、益智棋牌、歌舞活动和活动收费来反映老年康养文艺娱乐活动的供给，可将其命名为文体服务因子；第五个公因子（Factor5）主要以人员配比、人员资质、人员培训和制度规范来反映老年康养服务的运营管理的规范化和制度化，因此将其作为运营管理因子。

由数据分析可以看出，这 5 个公因子能囊括老年康养服务评价的主要指标，可以作为主成分，成为下一节 BP 神经网络评价模型的输入节点。

5.4 基于 BP 神经网络的老年康养服务质量评价模型

BP 神经网络在神经网络家族中属于运用范围广、技术也相对成熟的神经网络模型。将 BP 神经网络这一经典的神经网络模型运用到康养服务质量评价中，也是对 BP 神经网络的应用范围的延伸（温海红、王怡欢，2019）。BP 神经网络快速的收敛速度能加快模型的评估效率，真实数据训练后的网络模型提高了评价结果的精确度和准确性，基于 BP 神经网络具有众多优势这一事实，本章建立一个基于因子分析的 BP 神经网络老年康养服务质量评价模型。该模型首先利用因子分析进行关键指标选取，再利用 BP 神经网络对传统的养老服务质量评价模型进行改进，提高康养服务质量评价模型的准确性。

本书参考的相关养老服务质量评价模型大多利用层次分析法、模糊综合评价法等。这些常用的服务质量评价方法一般都是通过专家或者被访对象的主观评价或者是运用简单的线性加权等，这些方法都存在共同的缺陷，得到的结果一般都带有很大主观性（陆杰华、周婧仪，2019）。本章为了减少评价结果的误差，缩小评价结果与预期结果之间的差距，利用 BP 神经网络构建老年康养服务质量评价模型，通过上一小节因子分析降维后确定老年康养服务质量评价指标，将其量化成确定的数据作为输入数据，选取经 BP 神经网络训练函数训练得到的数据作为输出，将输出的数据与预期的数据相比较，得到实际输出与预期输出的误差，通过调整训练网络的权值和阈值使误差不断缩小，直到误差符合预期的标准时，训练即可完成（王建云、钟仁耀，2019）。利用训练成功的网络处理新的需要评价的数据，即可得到老年康养服务质量评价的准确结果。这种评价方式克服了评价结果主观性大的缺点，获得准确性较高的服务质量评价结果。

5.4.1　BP 神经网络基本原理

BP 神经网络自带很多优势，它能够自学习、自适应、自训练，从而可以构建精确度很高的评价网络模型，能在很大程度上弥补其他定性评价方法的不足，减少评价结果的主观性（秦利、潘怡然，2020）。BP 神经网络来源于对神经系统结构的模拟，其远不如生物神经网络那般复杂，BP 神经网络的工作原理是通过设置网络信号以及误差传输需要的各项参数，预先设定网络信号以及误差传输终止的条件，只要达到终止条件便终止传输，即为网络训练成功。

BP 神经网络具有将输入高度映射到输出的能力，三层前馈网络是 BP 神经网络最常用的形式（Zhang，2020）。因此可利用 BP 神经网络建立高度映射的非线性评价模型（储朝晖、储文静，2020）。最常用的 3 层 BP 神经网络基本可以满足大多数模型建构要求，其主要结构包括输入层、隐含层、输出层。因此，本章节构建的 BP 神经网络模型也采用 3 层神经网络模型。

由于老年康养服务质量在上门服务、照料服务、服务便利性、文体服务、运营管理等方面对老年人的服务质量评价影响较大，因此选择其作为 BP 神经网络的输入节点，用向量表示为 $X = (x_1, x_2, x_3, x_4, x_5)$，输入层第 i 个神经元与隐含层第 j 个神经元之间的连接权表示为 W_{ji}。隐含层节点最终确定为 4 个，此时输出的结果误差最小。而隐含层与输出层之间同样存在连接的权值，隐层第 j 个神经元与输出层第 k 个神经元之间的连接权表示为 W_{kj}。评价的最终结果作为输出节点，因此只有一个输出节点，所有的输出结果用向量表示为 $Y = (y_1, y_2, \cdots, y_n)$；而预期的输出结果用向量表示为 $D = (d_1, d_2, \cdots, d_n)$，当实际输出结果与预期输出结果不一致时，产生误差 E（陈福集、肖鸿雁，2018）。

经典三层 BP 神经网络的具体逻辑结构如图 5 – 2 所示。

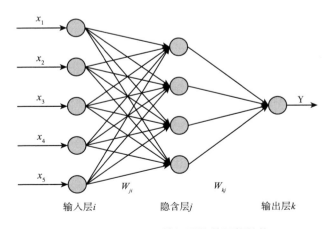

图 5 – 2　三层 BP 神经网络的逻辑结构

5.4.2 BP 神经网络的操作步骤

1. 数据归一化

由于样本数据存在大小不一的问题，如果差距较大很可能导致训练结果无法收敛，因此在进行样本训练之前首先将样本数据进行归一化。常用的归一化方法有最大最小标准化、函数转化等，在这里我们选取最大最小标准化方法进行归一化。数据标准化公式：

$$x' = \frac{x - minA}{maxA - minA} \tag{5-7}$$

2. 网络初始化

给 W_{ji} 和 W_{kj} 确定一个初始的值，并设置学习率、最大迭代次数、误差精度以及训练函数等，常用的训练函数如表 5-7 所示。

3. 确定输入节点

输入节点是模型的输入特征数。把因子分析降维后产生的新的公因子作为输入节点，因此可以确定输入节点数为 5。输入的评价指标向量为：

$$x(t) = (x_1(t), x_2(t), x_3(t), x_4(t), x_5(t))$$

4. 确定隐含层节点数

隐含层节点一般通过试凑的方式确定，通过不断调整节点数使训练误差不断减小直至符合期望值，使得误差最小的节点数即为最佳节点数。确定隐含层节点数的经验公式为：

$$l = \sqrt{n + m} + a \tag{5-8}$$

其中 l 表示隐含层节点数；n 表示输入层节点数；m 为输出层节点数，这里 m=1；a 为 1~10 之间的常数。

5. 训练函数的选取

首先输入的数据经过输入层到达隐含层，那么其中的公式确定如下：

$$\alpha_h = \sum_{i=1}^{d} v_{ih} \cdot x_i \qquad (5-9)$$

到达隐含层，激活函数的公式表示如下：

$$b_h = f(\alpha_h - \gamma_h) \qquad (5-10)$$

BP 神经网络常见的训练函数如表 5-7 所示。

表 5-7　　　　　　常见的 BP 神经网络训练函数

训练方法	训练函数
梯度下降法	traingd
有动量的梯度下降法	traingdm
自适应 lr 梯度下降法	traingda
自适应 lr 动量梯度下降法	traingdx
弹性梯度下降法	trainrp
Fletcher-Reeves 共轭梯度法	traincgf
Ploak-Ribiere 共轭梯度法	traincgp
Powell-Beale 共轭梯度法	traincgb
量化共轭梯度法	trainscg
拟牛顿算法	trainbfg
一步正割算法	trainoss
Levenberg-Marquardt	trainlm

6. 确定输出节点数

一般来说输出结果根据最后想要得到的目标进行确定。本章中最后想要得到老年康养服务质量评价的分数，因此输出节点为 1。

7. 权值、阈值修正

网络中的所有连接权和阈值都需要在确定误差不满足要求后进行更新，通过比较实际输出与预期输出之间的差值，再次修改权值和阈值使误差不断缩小，满足设定的误差精度即可完成训练。

5.4.3 建立 BP 神经网络评价模型

1. 具体参数设置

本章为提高老年康养服务质量评价而建立包含输入层、隐含层和输出层的三层经典 BP 神经网络模型。输入层节点为因子分析降维后的 5 个公因子，分别为上门服务因子、照料服务因子、服务便利性因子、文体服务因子和标准化服务因子。隐含层节点通过试凑使误差在误差精度范围内达到最小，根据实测结果可知，只有在隐含层节点为 4 个的时候，网络输出结果与预期结果误差最小。网络最后输出的是老年康养服务质量评价总体得分，因此将其作为网络输出节点，即为节点 1。关于网络训练中训练方法的选择，本章中没有选择简单的线性函数作为训练函数，而是选择自适应 lr 动量梯度下降法作为训练方法，既符合模型的需要，又能将实际数据很好地训练。本网络在输入层到隐含层之间应用的函数以及隐含层到输出层之间应用的函数分别为 traingdx 函数和 purelin 函数，而训练函数选取的是 traingdx 函数。为了减小 BP 神经网络陷入局部最优的可能性，不采用系统随机给定的初始权值和阈值，将初始的权值设置为 0.6，初始阈值设置为 0.8，学习率为 0.1，误差精度为 0.01，最大训练步数为 1000，当训练误差达到预定的要求时，即使没达到设定的训练步数也可以提前停止（胡贤德、曹蓉，2017）。各种神经网络参数设定好后，BP 神经网络老年康养服务质量评价模型得以建立。

2. 模型训练

本章利用 Matlab2016a 软件选取收集到的有效数据中的 149 份数据进行仿真训练分析，即将选取出的 149 份样本数据输入 BP 神经网络模型中进行网络训练，直到网络训练误差达到预先规定的误差精度以内。由训练结果图 5-3 可知，仅训练 4 次时，训练误差便达到标准误差范围，因此提前终止训练。

3. 仿真测试结果分析

模型训练完成后，需要验证模型的准确性以及适用性，利用训练剩余

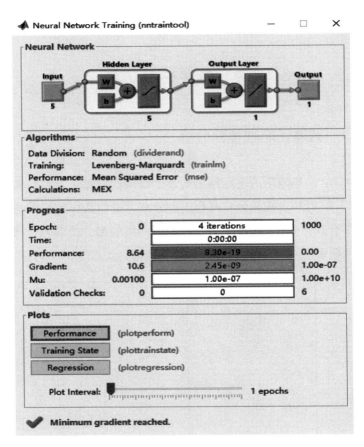

图 5 - 3　训练结果

资料来源：Matlab 输出。

的 20 份测试样本对模型进行验证。通过对误差进行比较分析，对残差进行正态性检验分析以及拟合系数分析来衡量建立的 BP 神经网络老年康养服务质量模型的优劣。为验证模型的准确性以及适用性，本章利用 20 份测试样本进行仿真测试分析，将模型测试出的结果与预期结果对比，通过残差正态检验验证了本模型的数据的可靠性。通过误差结果分析可知，BP 网络模型输出结果与预期结果相差甚微，即使最大的相对误差值也在规定的误差范围之内，最小的相对误差为 0.26%，接近于零，而计量经济学一般认为评价结果的误差范围在 20% 左右就说明评价效果较好，由此可见，该网络模型具有较好的有效性和可靠性。

5.5　模型验证分析

5.5.1　残差正态性检验分析

通过对 BP 网络输出的实际结果与预期结果的残差正态性检验分析（如图 5-4 所示）可知，残差分布符合正态分布，说明指标数据的选取与模型的建立非常合理。基于因子分析的 BP 神经网络模型会使误差变得更小，结果变得更加精确。

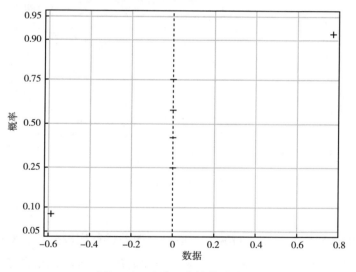

图 5-4　残差正态性检验分析

5.5.2　误差结果分析

改进后的 BP 神经网络误差图如图 5-5 所示，通过分析误差图可知，基于因子分析的 BP 神经网络模型可以有效调整神经网络隐层的节点权值、提高学习效率、有效消除震荡，最终使误差变小。

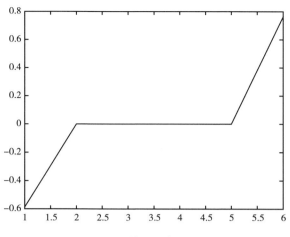

图 5 - 5　改进后的 BP 神经网络误差图

5.5.3　误差检验的自相关

　　为了检验模型中数据的可靠性与真实性，引入了计量经济学中自相关的概念，将模型数据进行自相关检验，检验结果如图 5 - 6 所示，可以直观地看出基于因子分析的 BP 神经网络模型选取的指标可以很好地表示居家养老服务质量。随机误差与实际期望输出之间具有高度的自相关性。

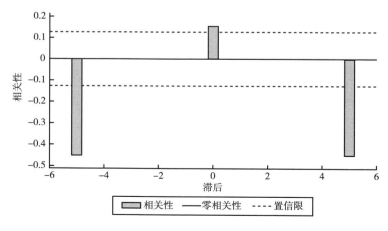

图 5 - 6　误差检验自相关

5.6　本章小结

　　本章借助问卷对提供老年康养服务的社区进行调查，利用得到的数据完善社区居家养老服务质量评价模型，利用 Matlab 仿真软件对老年康养服务质量 BP 神经网络评价模型进行仿真训练和模型检验，从而得到适用性较强的老年康养服务质量评价模型，为老年康养服务质量评价研究提供了一种新的研究思路和评价方法，为老年康养服务质量评价增添了一种新的具有可行性的方案。与此同时，由于本章借助的 BP 神经网络具有一些自身无法突破的局限性，如指标过多使得收敛速度变慢甚至无法收敛，网络结构的不确定性，初始权值和阈值的随机性导致评价结果的稳定性差，因此需要在以后的研究中加以考虑，与其他研究方法相结合以弥补其自身的不足，增强网络结构的稳定性以及结果的精确性。

　　通过以上分析，可以得出以下几点结论：首先，利用因子分析法对本章构建的老年康养服务质量评价指标体系中的原始数据进行预处理，保证原始信息完整性的同时又简化了指标体系结构，避免了指标之间的交叉重叠，实现了指标降维，同时也简化了 BP 神经网络的输入，使 BP 神经网络收敛速度更快，学习效率更高。其次，将原始数据进行因子分析后的评价结果作为 BP 神经网络评价模型的期望输出值，利用 BP 神经网络自身的优势进行自主学习和训练，很大程度上消除了主观因素的影响，避免了传统评价模型的主观性以及结果的模糊性，从而提升了老年康养服务质量评价模型的科学性与准确性。

第 *6* 章

康养服务供应链动态结构分析

通过本书第 4 章和第 5 章对康养服务质量的评价，找到了提升康养服务质量的关键因素，为本章康养服务供应链结构的分析奠定了基础。关于服务供应链以及康养服务供应链的研究进展在第 1 章已做阐述，服务供应链的产生及相关研究的开展晚于产品供应链，但在当今的经济发展中服务业的作用越来越突出，提供更先进、优质的服务已成为企业应对挑战和机遇的关键推手，无论是在纯服务领域还是在制造业，先进的服务都可以显著增强企业的可持续发展能力。当前对于养老服务供应链的研究已有一定基础，但针对康养服务供应链的研究还较少，且缺少对康养服务供应链结构进行的研究。因此，本章根据第 2 章中介绍的系统动力学方法步骤，构建康养服务供应链的系统动力学模型，建立康养服务供应链系统中各个变量的函数关系，对康养服务供应链结构动态机理进行系统性分析。根据 Vensim 软件对模型进行 Dynamo 仿真分析，找到康养服务供应链系统中各子系统的变化规律，提出提升老年康养服务供应链整体运作效率的建议，从而促进康养服务发展。

6.1 康养服务供应链模型准备

6.1.1 建模目的

基于老年康养服务供应链的结构框架，本章建立年康养服务供应链系统动力学模型的目的主要是：基于系统理论分析老年康养服务供应商、集成商及老年人群三个系统内部及各系统之间的因果关系和反馈作用。基于建立的系统动力学模型，找到各变量之间的变化关系，以期为制定康养服务供应链优化政策提供参考。

6.1.2 老年康养服务供应链模型假设

本文依据老年康养服务供应链流程构建模型实际情况，提出合理的假设条件：

假设一：忽略老年人需求的多样性对供应链的影响，假定老年人的需求是一致的、无差异的，老年人需求是与现实中老年人的提出服务订单一一对应的。

假设二：供应链服务能力是与现实中供应商和集成商处理服务订单能力一一对应的。

假设三：老年人满意度由实际服务质量和期望服务质量的差值来表示。

6.2 康养服务供应链模型构建
——以老年康养服务为例

6.2.1 老年康养服务供应链因果关系构建

因果关系图中的各变量由一个带箭头的实线连接，表示变量之间的因果关系，这条实线称为因果链，箭头的方向表示因果关系的作用方向。由前述内容可知，本章的老年康养服务供应链结构由养老服务供应商、养老服务集成商和老年人三个子系统构成，根据子系统内部和之间的变量形成因果关系图。

1. 康养服务供应商子系统

构建的养老服务供应商子系统的因果关系如图 6-1 所示，共有一个正反馈回路，提升养老服务供应商的服务能力有利于提高其服务供给速率，提高服务到达率和服务需求率，从而加大期望服务能力，进一步促进供应商服务能力调节水平，提高服务能力。其中，供应商服务能力调节时间越短，说明其服务能力调节率越高，供应商服务到达时间越短，其服务到达率越高，集成商的需求率越高会促使供应商的供给速率越高。

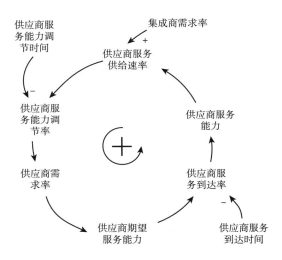

图 6 - 1　康养服务供应商子系统因果关系

资料来源：Vensim 软件制作输出。

2. 康养服务集成商子系统

与供应商子系统相同，养老服务集成商因果关系图也包括一个正反馈回路，且与因果反馈回路相似，集成商服务能力的提高会提升集成商服务供给速率，进一步提升集成商的期望服务能力，加大集成商的需求率，提升集成商的服务到达率，因果关系如图 6 -2 所示。

3. 老年消费者子系统

如图 6 -3 所示，老年人子系统中包括一个正反馈回路，随着老年人口总数的增多和自然需求转化率的提升老年人的需求率逐渐升高，由此对养老服务集成商的服务能力要求升高，随着集成商和供应商服务能力的提升，促进实际服务质量提高，服务专业水平的提高也促进老年人的满意度提升。

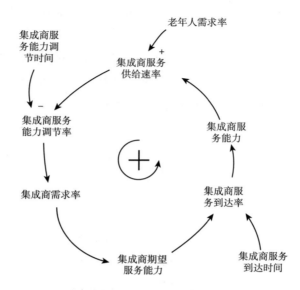

图 6 - 2　养老服务供应商子系统因果关系

资料来源：Vensim 软件制作输出。

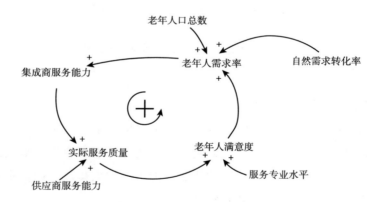

图 6 - 3　老年消费者子系统

资料来源：Vensim 软件制作输出。

4. 系统因果关系

将上述三个子系统的因果关系组合在一起便可得到老年康养服务供应链因果关系，如图 6 - 4 所示，以便开展后续研究。

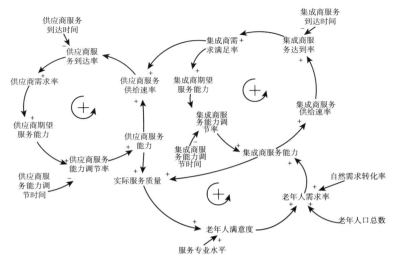

图 6－4　老年康养服务供应链因果关系

资料来源：Vensim 软件制作输出。

6.2.2　老年康养服务供应链流图构建

根据前文的模型假设，结合因果关系图构建老年康养服务供应链流图，如图 6－5 所示。

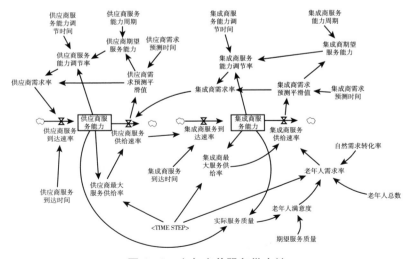

图 6－5　老年康养服务供应链

资料来源：Vensim 软件制作输出。

本章构建的老年康养服务供应链模型由供应商子系统、集成商子系统和老年人子系统三部分构成，反映了供应商及集成商服务能力协调的关系，借助系统动力学方程对各变量间的关系进行定量化，建立变量间的函数关系，具体方程式如表 6-1 所示。

表 6-1　　　　　　　　　变量方程式关系

序号	仿真方程
1	供应商服务能力 = INTEG(供应商服务到达速率 - 供应商服务供给速率)
2	供应商服务到达速率 = DELAY1(供应商需求率，供应商服务到达时间)
3	供应商服务供给速率 = MIN(供应商最大服务供给率，集成商需求率)
4	供应商期望服务能力 = 供应商需求预测平滑值 × 供应商服务能力周期
5	供应商服务能力调节率 = IFTHENELSE(供应商服务能力 ≥ 供应商期望服务能力，0，(供应商期望服务能力 - 供应商服务能力)/供应商服务能力调节时间)
6	供应商需求率 = IFTHENELSE(供应商服务能力调节率 ≤ 0，0，供应商服务能力调节率 + 供应商需求预测平滑值)
7	供应商最大服务供给率 = $\dfrac{\text{供应商服务能力}}{\text{TIME STEP}}$
8	集成商服务能力 = INTEG(集成商服务到达速率 - 集成商服务供给速率)
9	集成商服务到达速率 = DELAY1(供应商服务供给速率，集成商服务到达时间)
10	集成商服务供给速率 = MIN(老年人需求率，集成商最大服务供给率)
11	集成商期望服务能力 = 集成商需求预测平滑值 × 集成商服务能力周期
12	集成商服务能力调节率 = IF THEN ELSE(集成商服务能力 ≥ 集成商期望服务能力，0，$\dfrac{\text{集成商期望服务能力} - \text{集成商服务能力}}{\text{集成商服务能力调节时间}}$)
13	集成商需求率 = IF THEN ELSE(集成商服务能力调节率 ≤ 0，0，集成商服务能力调节率 + 集成商需求预测平滑值)
14	集成商最大服务供给率 = 集成商服务能力/TIME STEP
15	自然需求转化率 = IF THEN ELSE(扰动开关 = 1，RANDOM UNIFORM(0.4，0.8，0)，RANDOM UNIFORM(0.2，0.6，0))
16	老年人需求率 = 老年人总数 × 自然需求转化率/TIME STEP
17	老年人满意度 = 实际服务质量 - 期望服务质量
18	实际服务质量 = (供应商服务能力 + 集成商服务能力)/2

资料来源：笔者根据 Vensim 软件语言自定义。

6.3　老年康养服务供应链模型仿真分析

6.3.1　模型参数设定

1. 仿真初始条件设定

在 Vensim 软件中设置模型仿真初始条件参数值，将模型中仿真的市场设定为 300 天，具体如表 6-2 所示。

表 6-2　　　　　　　　　　初始条件设定

参数	取值
起始时间（INITIAL TIME）	0
结束时间（FINAL TIME）	300
时间步长（TIME STEP）	1
数据记录步长（SAVEPER）	1
时间单位（UNITS FOR TIME）	DAY

资料来源：笔者根据 Vensim 软件调整模型确定。

2. 参数设定

对本章构建的老年康养服务供应链系统动力学模型中的参数进行设定，将模型中的供应商需求预测时间设置为 2，供应商服务能力调节时间设置为 2，供应商服务能力周期设置为 3，供应商服务到达时间为 2，集成商需求预测时间设置为 1.5，集成商服务能力调节时间设置为 1.5，集成商服务能力周期设置为 1.5，集成商服务到达时间设置为 1.5，单位都为 DAY；将期望服务质量设置为 0.9，该参数为无量纲参数。

6.3.2　模型的有效性检验

在构建模型时通过查阅大量参考文献确保模型与实际情况更加贴近，利用系统动力学 Vensim 模型中的模型检验模块对模型进行初步检测，该模型通过了有效性检验，通过检验后模型可以运行，说明该模型通过了量纲一致性检验。

6.3.3 老年康养服务能力仿真结果分析

运行系统动力学模型，供应商服务能力和集成商服务能力仿真结果如图 6 - 6 和图 6 - 7 所示，可以发现：（1）供应商服务能力仿真初期波动最大，在 20 ~ 100 天范围内有规律地随机震荡，在 100 ~ 200 天有大幅波动，其余时间按照一定规律随即震荡；（2）集成商服务能力也有较大变动，在初

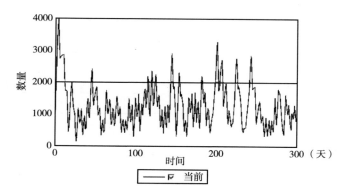

图 6 - 6 供应商服务能力仿真结果

资料来源：Vensim 软件输出。

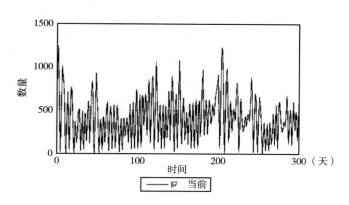

图 6 - 7 集成商服务能力仿真结果

资料来源：Vensim 软件输出。

期和 200 天左右出现较大幅度波动，其余时间段按照一定规律震荡；（3）供应商服务能力的波动范围以及均值和标准差都远远大于集成商服务能力和老年人的需求率。由此可以得出系统中服务信息传递和服务供应存在明显滞后，牛鞭效应严重。

供应商服务到达速率和集成商服务到达速率仿真结果如图 6 - 8 和图 6 - 9 所示，可以发现与服务能力仿真结果相似，集成商服务到达速率变化更快，且变化范围更大，同样证明了系统中服务信息传递和服务供应存在明显滞后，牛鞭效应严重。

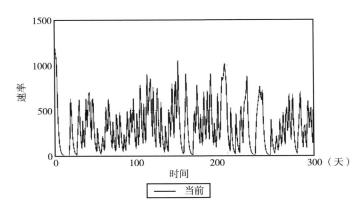

图 6 - 8　供应商服务达到速率仿真结果

资料来源：Vensim 软件输出。

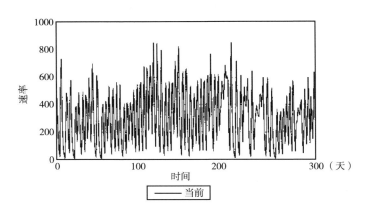

图 6 - 9　集成商服务到达速率仿真结果

资料来源：Vensim 软件输出。

图 6-10 和图 6-11 为老年人需求率和老年人满意度的变化趋势。可以看出老年人需求率在 100~200 天的期间大幅增长，其余时期有规律地变动。老年人满意度总体水平不高，这与供应商和集成商的服务能力、服务到达率有显著关系以及老年人口数量有关。

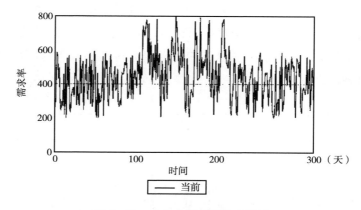

图 6-10 老年人需求率仿真结果

资料来源：Vensim 软件输出。

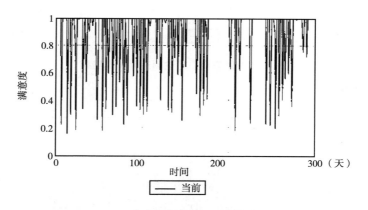

图 6-11 老年人满意度仿真结果

资料来源：Vensim 软件输出。

通过以上对仿真模型的分析，可以得出，当前老年康养服务供应链存在较严重的牛鞭效应，老年人的需求被逐级放大，造成供应商服务的资源浪费，导致资源无法合理利用，进一步造成供应链整体服务能力远大于老年人的实际需求。同时由于服务信息传递和服务到达的滞后，服务质量不高，老年人的满意度并不高。

针对当前老年康养服务供应链存在的资源利用率低、供应链成本过高和牛鞭效应三大问题，结合实际老年康养服务运作提出以下老年康养服务供应链优化建议。

（1）合理配置服务资源。根据老年人实际需求配置养老服务资源，避免资源闲置造成资源浪费，降低服务中心的运营成本和供应链成本，优化内部资源分配，为老年人提供高效率高质量的养老服务。

（2）多元化多样化提供养老服务。丰富老年康养服务模式，支持老年人从线上、线下多渠道对养老服务下单，提高服务的供需匹配效率，方便老年人随时随地提供服务。

（3）促进服务信息共享。整合各类服务信息资源，打造集信息收集、数据分析、服务支撑等多项业务于一体的信息平台，实现信息涵盖多级、多数据库互联互通，通过大数据分析，让服务机构了解老年人需求动向，为老年人及时推送养老服务信息。

6.4　本章小结

本章节采用系统动力学方法构建了老年康养服务供应链模型，并进行了模型仿真分析。首先，根据研究内容提出了模型假设，设定模型边界。其次，构建了老年康养服务供应链子系统并树立了各子系统及各变量之间的因果关系。再次，运用 Vensim 软件构建了供应链流图并对各变量定量化，进一步对模型进行了仿真分析。最后，根据仿真分析结果提出老年康养服务供应链优化建议。

第7章

考虑质量改进和社会责任的康养产业供应链最优策略

　　本章针对康养产业供应链的效益影响较大的质量改进与社会责任两个行为因素，对康养产业供应链的效益情况进行研究。关于质量改进与社会责任的内涵、康养产业供应链的结构特点在第 2 章已做阐述。本章在考虑康养产业供应链中的提供商进行服务质量改进、集成商承担社会责任的情形下，分别将提供商的质量改进投入与集成商承担的社会责任量化，构建各个成员在具有服务质量改进投资和社会责任投资的康养产业供应链中的自身效用模型，并构建提供商给予集成商的销售价格的最优函数与集成商给予老年群体消费者的销售价格的最优函数。根据斯坦科尔博格博弈对模型进行分析，求出不同策略下的纳什均衡解，以及在纳什均衡下的提供商与集成商的自身效用的最优值，提供商给予集成商的销售价格的最优值以及集成商给予老年群体消费者的销售价格的最优值。选取不同情形下的最优值，制定针对性策略，使得提供商能够为选择康养服务的消费群体提供优质的康养环境、设施与生活服务，同时集成商能够给予消费群体最优价格。

7.1　问题描述与变量说明

7.1.1　问题背景描述

　　本节考虑以集成商为主导的康养产业供应链质量优化的策略问题。在此过程中，提供商具有质量偏好，因此提供商对质量改进进行投资，集成商承担社会责任。提供商和集成商各自独立决策自己的服务质量改进与服务价格。以此为基础，建立康养产业供应链各环节中各成员的效用函数、提供商与集成商的反应函数。以集成商为主导，以使康养产业供应链中各成员的效用最大化为目标，通过纳什均衡理论对其进行优化，在不同的约束条件下求得纳什均衡解，得到在不同约束条件下最优的企业社会责任，以及在能够使提供商与集成商各自效用最大化的情况下，康养产业供应链中各成员应该选取的最优策略。

如本书第 1.3 节所述，目前学者多对提供商的选择渠道、服务质量的评价、风险识别以及服务质量的影响因素等方面进行研究，但针对康养产业供应链的服务质量控制问题的研究较少，尚处于起步阶段，因此本章通过总结以往学者对其他行业供应链中服务质量改进以及承担社会责任的研究方法，基于康养产业链的模式对康养产业供应链的服务质量控制问题以及集成商承担社会责任的问题进行研究。

本章主要以学者基于社会责任与产品质量两个要素建立的两阶段供应链博弈模型（范建昌，2017）与简单二级供应链（徐茜，2020）为基础，考虑康养产业供应链中服务质量改进和社会责任两种行为因素对康养产业供应链整体效益以及康养产业供应链中提供商与集成商各自的经济效益的影响，在康养产业供应链中供应需求不确定的状况下，以由一个提供商和一个集成商构成的二级康养产业供应链为基础，考虑在整条康养产业供应链中，提供商与集成商都进行服务质量改进和服务质量投资的决策，并以集成商为主导。服务质量改进是站在企业所面对的消费者的角度，根据企业所提供服务的优势与特性，提供有效的服务，并不断根据消费者的要求改进服务质量，采取提高服务过程的效果与效率的措施，不仅仅以消费者满意为目标，更以为消费者提供增值效益为最终目标，从而为消费者带来超过服务本身的价值，同时提高企业本身的经济效益。服务质量投资是在进行服务质量改进的过程中投入的成本费用，且服务质量改进的程度与服务质量投资预算与服务质量改进的单位成本的比值相关。

7.1.2 主要相关变量

模型涉及的主要相关变量阐述如表 7 - 1 所示。

表 7 - 1   模型主要变量说明

变量	说明
D_0	康养产业市场的固有需求
D	康养产业市场的最终需求量
p	集成商给予老年消费群体的销售价格
w	提供商给予集成商的销售价格
r	集成商承担的企业社会责任
e	提供商的服务质量改进程度
$\overline{c_F}$	集成商对承担社会责任投资预算的上限
c_F	集成商进行社会责任行为的单位成本
$\overline{c_S}$	提供商对进行服务质量改进投资的预算上限
c_S	提供商进行服务质量改进承担的单位成本
U_F	集成商的效用值
U_s	提供商的效用值
M	提供商的固定成本
p^*	集成商给予消费者的销售价格最优值
w^*	提供商给予集成商的销售价格最优值
r^*	集成商承担企业社会责任的最优值
e^*	提供商进行服务质量改进程度的最优值
U_F^*	集成商的效用最优值
U_S^*	提供商的效用最优值

7.2 基础模型构建

本章假设康养服务提供商的服务质量改进程度和康养服务集成商承担的社会责任都与康养产业的市场需求成正相关关系，康养服务集成商提供的销售价格与康养产业市场需求呈负相关关系。康养产业供应链的整体需求函数见式（7-1）：

$$D = D_0 + \alpha r + \beta e - \theta p \qquad (7-1)$$

其中，e 为康养服务提供商的服务质量改进程度，r 为康养服务集成商承担的社会责任。α、β、θ 为 r、e 与 p 的敏感系数。

康养服务集成商承担的社会责任的成本函数为线性函数 T_1：

$$T_1 = c_F r \qquad (7-2)$$

康养服务提供商的服务质量改进成本函数为 T_2：

$$T_2 = \frac{1}{2} c_S e^2 \qquad (7-3)$$

其中 $r \in \left[0, \dfrac{\overline{c_F}}{c_F}\right]$，$e \in \left[0, \dfrac{\overline{c_S}}{c_S}\right]$。

康养服务集成商的效用函数为：

$$U_F = (p-w)D - T_1 = (p-w)(D_0 + \alpha r + \beta e - \theta p) - c_F r \qquad (7-4)$$

康养服务提供商的效用函数为：

$$U_S = wD - T_2 - M = w(D_0 + \alpha r + \beta e - \theta p) - \frac{1}{2} c_S e^2 - M \qquad (7-5)$$

7.3　集成商主导下的纳什均衡解

7.3.1　斯塔克尔伯格博弈模型

目前，博弈论无论在管理学的研究中还是应用实践中都受到重视，已成为经济理论研究发展中的一个重要方向。通常博弈论是用来研究在某种情况下，双方或多方之间具有竞争现象的一个数学理论知识。博弈论通常考虑某种情况下对个体的行为预测和实际产生的行为，并研究在某种特定需求下博弈双方或博弈多方之间竞争的优化策略。博弈过程中最基本的要素有局中人、策略集以及得益函数。博弈规则包括局中人、行动以及结果。从博弈方式的角度来说，博弈可分为合作博弈与非合作博弈。非合作博弈可分为完全理性博弈与有限理性博弈。从博弈过程中参与人数的角度来说，博弈可分为二人博弈和多人博弈，二人博弈又可进一步分为二人零和博弈和二人非零和博弈。从博弈状态的角度来说，博弈可分为静态博弈和非静态博弈。从信息知情度的角度来说，静态博弈分为完全信息静态博弈和不完全信息静态博弈，动态博弈分为完全信息动态博弈和不完全信息动态博弈。

斯塔克尔伯格博弈（Stackelberg Competition）是由经济学家斯塔克尔伯格（Stackelberg）提出的。斯塔克尔伯格博弈模型是针对不对称竞争这种竞争方式提出的博弈模型。在普通的对称竞争中，最经典的是古诺模型。古诺模型（Cournot Model，又叫作双寡头模型）也是纳什均衡应用的最早版本，在古诺模型中，市场里竞争厂商的地位是均等的，销售相同的产品，共同面临的市场需求曲线相同，产品价格也相同。竞争厂商之间的行为相接近，作出行为决策的时间也接近。因此，其中一个厂商进行决策时，不知道其他竞争厂商的决策结果，其他厂商也同样。而在实际竞争环境中，竞争厂商之间的地位并不对等，各个厂商之间的信息不对称，故而会引起厂商对事情的决策顺序不对等。一般情况下，大型企业相比小型企业而言，拥有更多获得消息的渠道，更容易获得第一手消息而对市场情形作出判断，进而在情势稍有变化下立即作出相应决策。小型企业通常获得消息更慢，无法在第一时间对消息或形势作出判断，更容易根据大型企业的行为或决策进行自身的行为决策。而斯塔克尔伯格博弈模型就是针对这种双方或多方地位不对等、决策不对等情况下的决策博弈模型。

斯塔克尔伯格博弈模型是一个两阶段的完全信息动态博弈。博弈双方都根据对方已经做出的决策来选择自己的策略，以保证在对方决策之下自己选择的策略能够使自身利益最优。在博弈的过程中，最先做出决策的一方被称为领导者，在领导者给出决策后做出决策的其他方称之为跟随者。斯塔克尔伯格博弈模型的根本在于由领导者先作出使自身效益最优的决策，然后跟随者根据领导者已经做出的决策在使自身效益最大化的条件下选择自己的最优策略，之后，领导者再根据跟随者给出的已选择策略调整自己的策略，如此往复，直到领导者和跟随者都认为在对方的决策下，自己的决策能够使自身的效益达到最优，即达到纳什均衡。

例如：某寡头市场有博弈厂商 A 和 B，生产相同的产品。

其中，厂商 A 为博弈中的领导者，成本函数为：

$$TC_1 = 1.2 Q_1^2 + 2 \tag{7-6}$$

厂商 B 的成本函数为：

$$TC_2 = 1.5 Q_2^2 + 8 \tag{7-7}$$

该市场的反需求函数为：

$$P = 100 - Q \tag{7-8}$$

$$Q = Q_1 + Q_2 \tag{7-9}$$

厂商 B 的利润为：

$$\begin{aligned}\pi_2 = TR_2 - TC_2 &= 100 - (Q_1 + Q_2) Q_2 - (1.5 Q_2^2 + 8) \\ &= 100 Q_2 - Q_1 Q_2 - 2.5 Q_2^2 - 8 \end{aligned} \tag{7-10}$$

厂商 B 能够使自己利润最大化的一阶条件是：

$$\frac{\partial \pi^2}{\partial Q^2} = 100 - Q_1 - 5 Q_2 = 0 \tag{7-11}$$

得到追随厂商 B 的反应函数为：

$$Q_2 = 20 - 0.2 Q_1 \tag{7-12}$$

此时，再考虑领导性厂商 A 的行为方式。厂商 A 的利润为：

$$\pi_1 = TR_1 - TC_1 = 100 - (Q_1 + Q_2) Q_1 - (1.2 Q_1^2 + 2) \tag{7-13}$$

将厂商 B 的反应函数代入，得到厂商 A 的利润函数为：

$$\begin{aligned}\pi_1 &= \{100 - [Q_1 + (20 - 0.2) Q_1]\} Q_1 - (1.2 Q_1^2 + 2) \\ &= 80 Q_1 - 2 Q_1^2 - 2 \end{aligned} \tag{7-14}$$

则博弈中的领导者厂商 A 利润最大化的一阶条件是：

$$\frac{\partial \pi^2}{\partial Q^2} = 80 - 4 Q_1 = 0 \qquad (7-15)$$

则在此寡头市场的斯塔克尔伯格博弈模型的均衡解为：

$$Q_1 = 20, Q_2 = 16 \qquad (7-16)$$

7.3.2 纳什均衡

纳什均衡（Nash Equilibrium）是策略的组合，是指在一场合作或竞争当中，所有参与合作或竞争的个体都能够在其他个体作出使自己的利益最优的决策的情况下也作出满足自身利益最大化的决策。或者说，纳什均衡是指在一场合作或竞争中，所有个体对其他个体的决策作出的最优反应。在这种均衡情形下，合作或竞争中的任何一方单独改变已经决定好的策略不一定会增加自己的收益。即在这场合作或竞争中，所有人都能获取相对于其他情况下使自身效益最优的选择。纳什均衡可分为纯策略纳什均衡与混合策略纳什均衡。

1. 纯策略纳什均衡

纯策略纳什均衡是指在博弈模型 $G = \{S_1, S_2, \cdots, S_n; h_1, h_2, \cdots, h_n\}$ 中，博弈中每个参与方各选一个自身最优策略组成的策略组合 $\{s_1^*, s_2^*, \cdots, s_n^*\}$ 中，任意一个博弈方 i 的策略 s_i^*，都是对其余博弈中参与方所选择策略组合 $\{s_1^*, s_{i-1}^*, s_i^*, s_{i+1}^*, \cdots, s_n^*\}$ 的最佳选择，即：

$$h_i(s_1^*, s_{i-1}^*, s_i^*, s_{i+1}^*, \cdots, s_n^*) \geqslant h_i(s_1^*, s_{i-1}^*, s_{ij}, s_{i+1}^*, \cdots, s_n^*)$$

如果对任意 $s_{ij} \in s_i$ 都成立，那么就称 $(s_1^*, s_2^*, \cdots, s_n^*)$ 是 G 的一个纯策略纳什均衡解。从纯策略纳什均衡解中各选一个策略组成的一个策略组合会构成一个局势，其中的最优局势则称为纯策略纳什均衡下的最优局势，也叫作纳什均衡局势。

2. 混合策略纳什均衡

混合策略纳什均衡是指在博弈 $G = \{S_1, S_2, \cdots, S_n; h_1, h_2, \cdots, h_n\}$ 中，博

弈过程中的参与者 i 的策略集为 $S_i = \{s_{i1}, s_{i2}, \cdots, s_{ik}\}$，由各个博弈参与者的策略组成的策略集合为 $G^* = \{s_1^*, s_2^*, \cdots, s_n^*\}$，其中：

$$s_i^* = \left\{ x_i \in E^{m_i} \mid x_i \geqslant 0, i = 1, 2, \cdots, m_i, \sum_{i=1}^{m_i} x_i = 1 \right\}$$

是对博弈过程中其他博弈参与方策略组合的最佳策略，即：

$$h_i(s_1^*, s_{i-1}^*, s_i^*, s_{i+1}^*, \cdots, s_n^*) \geqslant h_i(s_1^*, s_{i-1}^*, s_{ij}, s_{i+1}^*, \cdots, s_n^*)$$

对任意 $s_{ij} \in s_i$ 都成立，则称 $(s_1^*, s_2^*, \cdots, s_n^*)$ 为 G 的一个混合策略纳什均衡。

7.3.3　效用函数

本节是以康养产业供应链中每个成员的效用最大化为目标，建立以集成商为主导的斯塔克尔伯格博弈模型，并对建立的模型进行优化，得到不同约束条件下的纳什均衡解。得到集成商给予消费者的最优价格 p^* 为：

$$p^* = \frac{D_0 + \alpha r + \beta e - \theta w}{2\theta} \tag{7-17}$$

提供商给予集成商的最优价格 w^* 为：

$$w^* = \frac{D_0 + \alpha r + \beta e}{2\theta} \tag{7-18}$$

根据式（7-17）与式（7-18）得到集成商的最优效用值 U_F^* 为：

$$U_F^* = \frac{(D_0 + \alpha r + \beta e)^2}{16\theta} - c_F r \tag{7-19}$$

提供商的最优效用值 U_S^* 为：

$$U_S^* = \frac{(D_0 + \alpha r + \beta e)^2}{8\theta} - \frac{1}{2} c_S e^2 - M \tag{7-20}$$

根据式（7-19）与式（7-20）得到效用函数 U_F^* 的对称轴为：

$$r = \frac{8\theta c_F}{\alpha^2} - \frac{D_0 + \beta e}{\alpha} \tag{7-21}$$

效用函数 U_S^* 的对称轴为：

$$e = \frac{\beta(D_0 + \alpha r)}{4\theta c_S - \beta^2} \qquad (7-22)$$

7.3.4 反应函数

1. 集成商的反应函数

（1）集成商的效用函数为 r 的二次函数，且 r 的系数为 α 为敏感系数，大于零，故函数方向开口向上。

（2）求解得到最优效用函数 U_F^* 关于 r 的对称轴为 $r = \frac{8\theta c_F}{\alpha^2} - \frac{D_0 + \beta e}{\alpha}$。

（3）通过 $r \in \left[0, \frac{\overline{c_F}}{c_F}\right]$，对称轴 $r = \frac{8\theta c_F}{\alpha^2} - \frac{D_0 + \beta e}{\alpha}$ 求的最优值为 U_F^* 时的最优值 r^*。

当 $0 \leqslant r = \frac{8\theta c_F}{\alpha^2} - \frac{D_0 + \beta e}{\alpha} < \frac{\overline{c_F}}{2c_F}$ 时，在 $r^* = \frac{\overline{c_F}}{c_F}$ 时，U_F^* 取得最优值。且此时

$\frac{16\theta \, c_F^2 - \overline{c_F}}{2\alpha\beta c_F} - \frac{D_0}{\beta} < e \leqslant \frac{8\theta c_F}{\alpha\beta} - \frac{D_0}{\beta}$，其中 $\frac{16\theta \, c_F^2 - \overline{c_F}}{2\alpha\beta c_F} - \frac{D_0}{\beta} < \frac{16\theta c_F}{2\alpha\beta c_F} - \frac{D_0}{\beta} < \frac{8\theta c_F}{\alpha\beta} - \frac{D_0}{\beta}$。

当 $\frac{\overline{c_F}}{2c_F} \leqslant r = \frac{8\theta c_F}{\alpha^2} - \frac{D_0 + \beta e}{\alpha} \leqslant \frac{\overline{c_F}}{c_F}$ 时，$r^* = 0$ 时，U_F^* 取得最优值。

故集成商取得最优效用值时，集成商的反应函数为：

$$r^* = \begin{cases} \dfrac{\overline{c_F}}{c_F}, & \dfrac{16\theta \, c_F^2 - \overline{c_F}}{2\alpha\beta c_F} - \dfrac{D_0}{\beta} < e \leqslant \dfrac{8\theta c_F}{\alpha\beta} - \dfrac{D_0}{\beta} \\ 0, & \text{其他} \end{cases} \qquad (7-23)$$

2. 提供商的反应函数

提供商的最优效用函数中 e^2 的系数为 $\frac{\beta^2}{8\theta} - \frac{1}{2}c_S$，无法确定其正负，故 e 的二次函数的开口朝向无法确定。根据对称轴 $e = \frac{\beta(D_0 + \alpha r)}{4\theta c_S - \beta^2}$，将提供商的反应函数分为两种情况：

（1）当 $\dfrac{\beta^2}{8\theta} - \dfrac{1}{2}c_S < 0$ 时，二次函数开口向下：

当对称轴 $0 \leqslant e = \dfrac{\beta(D_0 + \alpha r)}{4\theta c_S - \beta^2} \leqslant \dfrac{\overline{c_S}}{c_S}$ 时，其中 $e \in \left[0, \dfrac{\overline{c_S}}{c_S}\right]$，$e^* = \dfrac{\beta(D_0 + \alpha r)}{4\theta c_S - \beta^2}$

时，效用值最优。此时，$4\theta c_S > \beta^2$，$r \leqslant \dfrac{\overline{c_S}(4\theta c_S - \beta^2)}{\alpha\beta c_S} - \dfrac{D_0}{\alpha}$。

当对称轴 $e = \dfrac{\beta(D_0 + \alpha r)}{4\theta c_S - \beta^2} < 0$ 时，$U_s\left(r, \dfrac{\overline{c_S}}{c_S}\right) \leqslant U_s(r, 0)$，$e^* = 0$ 时，提供

商的效用值最优。此时，$\dfrac{\beta^2}{8\theta} - \dfrac{1}{2}c_S < 0$，故 $4\theta c_S > \beta^2$。又 $e = \dfrac{\beta(D_0 + \alpha r)}{4\theta c_S - \beta^2} < 0$，

可得 $4\theta c_S < \beta^2$。故前后结果矛盾，$\dfrac{\beta^2}{8\theta} - \dfrac{1}{2}c_S < 0$ 时，二次函数开口向下这种

情形不存在。

当对称轴 $e = \dfrac{\beta(D_0 + \alpha r)}{4\theta c_S - \beta^2} > \dfrac{\overline{c_S}}{c_S}$ 时，$4\theta c_S > \beta^2$，$r > \dfrac{\overline{c_S}(4\theta c_S - \beta^2)}{\alpha\beta c_S} - \dfrac{D_0}{\alpha}$，

$U_s\left(r, \dfrac{\overline{c_S}}{c_S}\right) > U_s(r, 0)$，此时提供商的效用值最优，此时 $e^* = \dfrac{\overline{c_S}}{c_S}$。

（2）当 $\dfrac{\beta^2}{8\theta} - \dfrac{1}{2}c_S > 0$ 时，二次函数开口向上：

$4\theta c_S < \beta^2$，对称轴 $e = \dfrac{\beta(D_0 + \alpha r)}{4\theta c_S - \beta^2} < 0 < \dfrac{\overline{c_S}}{2c_S}$，此时 $U_s\left(r, \dfrac{\overline{c_S}}{c_S}\right) \geqslant U_s(r, 0)$，

在 $e \in \left[0, \dfrac{\overline{c_S}}{c_S}\right]$ 中，$e^* = \dfrac{\overline{c_S}}{c_S}$ 时，提供商得到最优效用值。

当 $\dfrac{\beta^2}{8\theta} - \dfrac{1}{2}c_S = 0$ 时，$4\theta c_S = \beta^2$，U_s^* 与 r 成正相关的线性函数。此时，在

$e \in \left[0, \dfrac{\overline{c_S}}{c_S}\right]$ 中，$e^* = \dfrac{\overline{c_S}}{c_S}$ 时，提供商获得最优效用值。

故当提供商的效用值最优时，提供商的反应函数为：

$$e^* = \begin{cases} \dfrac{\overline{c_S}}{c_S}, r > \dfrac{\overline{c_S}(4\theta c_S - \beta^2)}{\alpha\beta c_S} - \dfrac{D_0}{\alpha} \\[4mm] \dfrac{\beta(D_0 + \alpha r)}{4\theta c_S - \beta^2}, 4\theta c_S < \beta^2\ \text{且}\ r \leqslant \dfrac{\overline{c_S}(4\theta c_S - \beta^2)}{\alpha\beta c_S} - \dfrac{D_0}{\alpha} \end{cases} \quad (7-24)$$

综上所述：

$\dfrac{\beta^2}{8\theta}-\dfrac{1}{2}c_S<0$ 时，当对称轴 $r\leqslant\dfrac{\overline{c_F}}{2c_F}$，$e\geqslant\dfrac{\overline{c_S}}{c_S}$ 时，存在且有唯一纳什均衡

解 $(r^*,e^*)=\left(\dfrac{\overline{c_F}}{c_F},\dfrac{\overline{c_S}}{c_S}\right)$；当对称轴 $r>\dfrac{\overline{c_F}}{2c_F}$，$e\geqslant\dfrac{\overline{c_S}}{c_S}$ 时，存在且有唯一纳什均

衡解 $(r^*,e^*)=\left(0,\dfrac{\overline{c_S}}{c_S}\right)$。

$\dfrac{\beta^2}{8\theta}-\dfrac{1}{2}c_S<0$ 时，当对称轴 $r\leqslant\dfrac{\overline{c_F}}{2c_F}$，$e\leqslant\dfrac{\overline{c_S}}{c_S}$ 时，存在且有唯一纳什均衡解

$(r^*,e^*)=\left(\dfrac{\overline{c_F}}{c_F},\dfrac{\beta(c_F D_0+\alpha\overline{c_F})}{c_F(4\theta c_S-\beta^2)}\right)$。当对称轴 $r>\dfrac{\overline{c_F}}{2c_F}$，$e\leqslant\dfrac{\overline{c_S}}{c_S}$ 时，存在且有唯一纳

什均衡解 $(r^*,e^*)=(0,\dfrac{\beta D_0}{4\theta c_S-\beta^2})$。

$\dfrac{\beta^2}{8\theta}-\dfrac{1}{2}c_S>0$ 时，当对称轴 $e\leqslant\dfrac{\overline{c_S}}{c_S}$ 时，存在且有唯一纳什均衡解 $(r^*,e^*)=$

$\left(\dfrac{\overline{c_F}}{c_F},\dfrac{\overline{c_S}}{c_S}\right)$。

7.4 考虑质量改进和社会责任的康养产业
供应链质量控制策略

本节根据第 7.3 小节得到的不同约束下的纳什均衡解 (r^*,e^*) 来求解相应条件下的最优策略，每种条件下所对应的四种最优策略如下。

7.4.1 策略一

当 $(r^*,e^*)=\left(\dfrac{\overline{c_F}}{c_F},\dfrac{\overline{c_S}}{c_S}\right)$ 时，

$$w^*=\frac{c_F c_S D_0+\alpha\overline{c_F}c_S+\beta\overline{c_S}c_F}{2\theta c_F c_S} \qquad (7-25)$$

$$p^* = \frac{3(c_F c_S D_0 + \alpha \overline{c_F} c_S + \beta \overline{c_S} c_F)}{4\theta c_F c_S} \tag{7-26}$$

$$U_F^* = \frac{(c_F c_S D_0 + \alpha \overline{c_F} c_S + \beta \overline{c_S} c_F)^2}{16\theta c_F^2 c_S^2} - \overline{c_F} \tag{7-27}$$

$$U_S^* = \frac{(c_F c_S D_0 + \alpha \overline{c_F} c_S + \beta \overline{c_S} c_F)^2}{8\theta c_F^2 c_s^2} - \frac{\overline{c_S}^2}{2c_S} - M \tag{7-28}$$

将式（7-25）对$\overline{c_F}$与$\overline{c_S}$分别求偏导得到：

$$\frac{\partial w^*}{\partial \overline{c_F}} = \frac{\alpha}{2\theta c_F} > 0 \tag{7-29}$$

$$\frac{\partial w^*}{\partial \overline{c_S}} = \frac{\beta}{2\theta c_S} > 0 \tag{7-30}$$

将式（7-26）对$\overline{c_F}$与$\overline{c_S}$分别求偏导得到：

$$\frac{\partial p^*}{\partial \overline{c_F}} = \frac{3\alpha}{4\theta c_F} > 0 \tag{7-31}$$

$$\frac{\partial p^*}{\partial \overline{c_S}} = \frac{3\beta}{4\theta c_S} > 0 \tag{7-32}$$

将式（7-27）对$\overline{c_F}$与$\overline{c_S}$分别求偏导得到：

$$\frac{\partial U_F^*}{\partial \overline{c_F}} = \frac{\alpha(c_F c_S D_0 + \alpha \overline{c_F} c_S + \beta \overline{c_S} c_F)}{8\theta c_S c_F^2} - 1 \tag{7-33}$$

$$\frac{\partial U_F^*}{\partial \overline{c_S}} = \frac{2\beta(c_F c_S D_0 + \alpha \overline{c_F} c_S + \beta \overline{c_S} c_F)}{16\theta c_F c_S^2} > 0 \tag{7-34}$$

将式（7-28）对$\overline{c_F}$与$\overline{c_S}$分别求偏导得到：

$$\frac{\partial U_S^*}{\partial \overline{c_F}} = \frac{\alpha(c_F c_S D_0 + \alpha \overline{c_F} c_S + \beta \overline{c_S} c_F)}{4\theta c_S c_F^2} > 0 \tag{7-35}$$

$$\frac{\partial U_S^*}{\partial \overline{c_S}} = \frac{\beta(c_F c_S D_0 + \alpha \overline{c_F} c_S + \beta \overline{c_S} c_F)}{4\theta c_F c_S^2} - \frac{\overline{c_S}}{c_S} \tag{7-36}$$

根据式（7-29）与式（7-30）可知，w^*、p^*与$\overline{c_F}$、$\overline{c_S}$正相关；由式（7-34）可知，U_F^*与$\overline{c_S}$正相关；由式（7-35）可知，U_S^*与$\overline{c_F}$正相关。

根据式（7-36）可知，可根据式 $\beta c_F c_S D_0 + \alpha\beta \overline{c_F} c_S + c_F \overline{c_S}(\beta^2 - 4\theta c_S)$ 的值是否大于 0 而判断提供商的最优效用值 U_S^* 与 $\overline{c_S}$ 的相关性。又 $\beta^2 - 4\theta c_S > 0$，故 U_S^* 与 $\overline{c_S}$ 为正相关关系。

根据式（7-33）可知，可根据式 $\alpha(c_F c_S D_0 + \alpha \overline{c_F} c_S + \beta \overline{c_S} c_F)$ 是否大于 $8\theta c_S c_F^2$ 判断集成商的最优效用值 U_F^* 与 $\overline{c_F}$ 的相关性。当 $\alpha(c_F c_S D_0 + \alpha \overline{c_F} c_S + \beta \overline{c_S} c_F) > 8\theta c_S c_F^2$ 时，U_F^* 与 $\overline{c_F}$ 正相关；$\alpha(c_F c_S D_0 + \alpha \overline{c_F} c_S + \beta \overline{c_S} c_F) < 8\theta c_S c_F^2$ 时，U_F^* 与 $\overline{c_F}$ 负相关；$\alpha(c_F c_S D_0 + \alpha \overline{c_F} c_S + \beta \overline{c_S} c_F) = 8\theta c_S c_F^2$ 时，U_F^* 与 $\overline{c_F}$ 之间无相关性。

综上所述，w^*、p^* 与 $\overline{c_F}$、$\overline{c_S}$ 正相关。U_F^* 与 $\overline{c_S}$ 正相关。

当 $\alpha(c_F c_S D_0 + \alpha \overline{c_F} c_S + \beta \overline{c_S} c_F) > 8\theta c_S c_F^2$ 时，U_F^* 与 $\overline{c_F}$ 正相关；$\alpha(c_F c_S D_0 + \alpha \overline{c_F} c_S + \beta \overline{c_S} c_F) < 8\theta c_S c_F^2$ 时，U_F^* 与 $\overline{c_F}$ 负相关；

$\alpha(c_F c_S D_0 + \alpha \overline{c_F} c_S + \beta \overline{c_S} c_F) = 8\theta c_S c_F^2$ 时，U_F^* 与 $\overline{c_F}$ 之间无相关性。

U_S^* 与 $\overline{c_F}$、$\overline{c_S}$ 正相关。

7.4.2　策略二

当 $(r^*, e^*) = \left(0, \dfrac{\overline{c_S}}{c_S}\right)$ 时，

$$w^* = \frac{c_F c_S D_0 + \beta \overline{c_S}}{2\theta c_S} \tag{7-37}$$

$$p^* = \frac{3(c_S D_0 + \beta \overline{c_S})}{4\theta c_S} \tag{7-38}$$

$$U_F^* = \frac{(c_S D_0 + \beta \overline{c_S})^2}{16\theta c_s^2} \tag{7-39}$$

$$U_S^* = \frac{(c_S D_0 + \beta \overline{c_S})^2}{8\theta c_s^2} - \frac{\overline{c_S}^2}{2c_S} - M \tag{7-40}$$

将式（7-37）与式（7-38）对 $\overline{c_S}$ 分别求偏导得到：

$$\frac{\partial w^*}{\partial \overline{c_S}} = \frac{\beta}{2\theta c_S} > 0 \tag{7-41}$$

$$\frac{\partial p^*}{\partial \overline{c_S}} = \frac{3\beta}{4\theta c_S} > 0 \qquad (7-42)$$

将式（7-39）与式（7-40）对 $\overline{c_S}$ 分别求偏导得到：

$$\frac{\partial U_F^*}{\partial \overline{c_S}} = \frac{\beta(c_S D_0 + \beta \overline{c_S})}{8\theta c_S^2} > 0 \qquad (7-43)$$

$$\frac{\partial U_s^*}{\partial \overline{c_S}} = \frac{\beta(c_S D_0 + \beta \overline{c_S})}{4\theta c_S^2} - \frac{\overline{c_S}^2}{c_S} \qquad (7-44)$$

根据式（7-41）与式（7-42）可知，w^*、p^* 与 $\overline{c_S}$ 都正相关，w^*、p^* 与 $\overline{c_F}$ 无相关性。

根据式（7-43）可知，U_F^* 与 $\overline{c_S}$ 正相关。且 U_F^*、U_s^* 与 $\overline{c_F}$ 无相关性。

根据式（7-44）可知，U_s^* 与 $\overline{c_S}$ 是否具有相关性取决于 $\dfrac{\partial U_s^*}{\partial \overline{c_S}} = \dfrac{\beta(c_S D_0 + \beta \overline{c_S})}{4\theta c_S^2} - \dfrac{\overline{c_S}^2}{c_S}$ 是否大于 0。由式（7-44）推导得：

$$\begin{aligned}\frac{\partial U_s^*}{\partial \overline{c_S}} &= \frac{\beta(c_S D_0 + \beta \overline{c_S})}{4\theta c_S^2} - \frac{\overline{c_S}^2}{c_S} \\ &= \frac{\beta(c_S D_0 + \beta \overline{c_S}) - 4\theta c_S \overline{c_S}^2}{4\theta c_S^2} \\ &= \frac{\beta c_S D_0 + (\beta^2 - 4\theta c_S)\overline{c_S}^2}{4\theta c_S^2} \qquad (7-45)\end{aligned}$$

其中 $\beta^2 < 4\theta c_S$。故 U_s^* 与 $\overline{c_S}$ 是否具有相关性根据 $\beta c_S D_0 + (\beta^2 - 4\theta c_S)\overline{c_S}^2$ 是否大于 0 判断。若 $\beta c_S D_0 + (\beta^2 - 4\theta c_S)\overline{c_S}^2 > 0$，则 U_s^* 与 $\overline{c_S}$ 正相关；若 $\beta c_S D_0 + (\beta^2 - 4\theta c_S)\overline{c_S}^2 < 0$，则 U_s^* 与 $\overline{c_S}$ 负相关；若 $\beta c_S D_0 + (\beta^2 - 4\theta c_S)\overline{c_S}^2 = 0$，则 U_s^* 与 $\overline{c_S}$ 不具有相关性。

综上所述，w^*、p^* 与 $\overline{c_S}$ 都正相关，w^*、p^* 与 $\overline{c_F}$ 无相关性。

U_F^* 与 $\overline{c_S}$ 正相关。U_F^* 与 $\overline{c_F}$ 无相关性。

U_s^* 与 $\overline{c_F}$ 无相关性。

当 $\beta c_S D_0 + (\beta^2 - 4\theta c_S)\overline{c_S}^2 > 0$ 时，U_s^* 与 $\overline{c_S}$ 正相关

当 $\beta c_S D_0 + (\beta^2 - 4\theta c_S)\overline{c_S}^2 < 0$ 时，U_s^* 与 $\overline{c_S}$ 负相关；当 $\beta c_S D_0 + (\beta^2 -$

$4\theta c_S)\overline{c_S}^2 = 0$ 时，U_s^* 与 $\overline{c_S}$ 不具有相关性。

7.4.3 策略三

当 $(r^*, e^*) = \left(\dfrac{\overline{c_F}}{c_F}, \dfrac{\beta(c_F D_0 + \alpha \overline{c_F})}{c_F(4\theta c_S - \beta^2)}\right)$ 时，令 $T = c_F D_0(4\theta c_S - \beta^2) + \alpha(4\theta c_S - \beta^2)\overline{c_F} + \beta^2(c_F D_0 + \alpha \overline{c_F})$，有：

$$w^* = \frac{T}{2\theta c_F(4\theta c_S - \beta^2)} \tag{7-46}$$

$$p^* = \frac{3T}{4\theta c_F(4\theta c_S - \beta^2)} \tag{7-47}$$

$$U_F^* = \frac{T^2}{16\theta c_F^2} - \overline{c_F} \tag{7-48}$$

$$U_s^* = \frac{T^2}{8\theta c_F^2} - \frac{C_S \beta^2 (c_F D_0 + \alpha \overline{c_F})^2}{2 c_F^2(4\theta c_S - \beta^2)^2} - M \tag{7-49}$$

将式（7-46）对 $\overline{c_F}$ 求偏导得：

$$\frac{\partial w^*}{\partial \overline{c_F}} = \frac{\alpha(4\theta c_S - \beta^2) + \beta^2 \alpha}{2\theta c_F(4\theta c_S - \beta^2)} > 0 \tag{7-50}$$

将式（7-47）对 $\overline{c_F}$ 求偏导得：

$$\frac{\partial p^*}{\partial \overline{c_F}} = \frac{3[\alpha(4\theta c_S - \beta^2) + \beta^2 \alpha]}{4\theta c_F(4\theta c_S - \beta^2)} > 0 \tag{7-51}$$

将式（7-48）对 $\overline{c_F}$ 求偏导得：

$$\frac{\partial U_F^*}{\partial \overline{c_F}} = \frac{c_S[c_F D_0(4\theta c_S - \beta^2) + \alpha(4\theta c_S - \beta^2)\overline{c_F} + \beta^2(c_F D_0 + \alpha \overline{c_F})]}{2 c_F^2} - 1 = \frac{c_S T}{2 c_F^2} - 1$$
$$\tag{7-52}$$

将式（7-49）对 $\overline{c_F}$ 求偏导得：

$$\frac{\partial U_s^*}{\partial \overline{c_F}} = \frac{c_F D_0(4\theta c_S - \beta^2) + \alpha(4\theta c_S - \beta^2)\overline{c_F} + \beta^2(c_F D_0 + \alpha \overline{c_F})}{2 c_F^2}$$
$$- \frac{\alpha c_S \beta^2(c_F D_0 + \alpha \overline{c_F})}{2 c_F^2(4\theta c_S - \beta^2)} = \frac{T}{2 c_F^2} - \frac{\alpha c_S \beta^2(c_F D_0 + \alpha \overline{c_F})}{2 c_F^2(4\theta c_S - \beta^2)} \tag{7-53}$$

由式（7-50）与式（7-51）可得，w^*、p^*与$\overline{c_F}$正相关，与$\overline{c_S}$不相关。

由式（7-52）可知，U_F^*与$\overline{c_S}$不相关。U_F^*与$\overline{c_F}$的相关性根据$\frac{\partial U_F^*}{\partial \overline{c_F}} = \frac{c_S T}{2 c_F^2} - 1$是否大于0判断。当$c_S T > 2 c_F^2$时，$U_F^*$与$\overline{c_F}$正相关；$c_S T < 2 c_F^2$时，$U_F^*$与$\overline{c_F}$负相关；$c_S T = 2 c_F^2$时，$U_F^*$与$\overline{c_F}$不相关。

由式（7-53）可知，U_s^*与$\overline{c_S}$不相关。当$T > \frac{\alpha c_S \beta^2 (c_F D_0 + \alpha \overline{c_F})}{(4\theta c_S - \beta^2)^2}$时，$U_s^*$与$\overline{c_F}$正相关；当$T < \frac{\alpha c_S \beta^2 (c_F D_0 + \alpha \overline{c_F})}{(4\theta c_S - \beta^2)^2}$时，$U_s^*$与$\overline{c_F}$负相关；当$T = \frac{\alpha c_S \beta^2 (c_F D_0 + \alpha \overline{c_F})}{(4\theta c_S - \beta^2)^2}$时，$U_s^*$与$\overline{c_F}$不相关。

综上所述：

w^*、p^*与$\overline{c_F}$成正相关，与$\overline{c_S}$不相关。

U_F^*与$\overline{c_S}$不相关。当$c_S T > 2 c_F^2$时，U_F^*与$\overline{c_F}$正相关；$c_S T < 2 c_F^2$时，U_F^*与$\overline{c_F}$负相关；$c_S T = 2 c_F^2$时，U_F^*与$\overline{c_F}$不相关。

U_s^*与$\overline{c_S}$不相关。当$T > \frac{\alpha c_S \beta^2 (c_F D_0 + \alpha \overline{c_F})}{(4\theta c_S - \beta^2)^2}$时，$U_s^*$与$\overline{c_F}$正相关；当$T < \frac{\alpha c_S \beta^2 (c_F D_0 + \alpha \overline{c_F})}{(4\theta c_S - \beta^2)^2}$时，$U_s^*$与$\overline{c_F}$负相关；当$T = \frac{\alpha c_S \beta^2 (c_F D_0 + \alpha \overline{c_F})}{(4\theta c_S - \beta^2)^2}$时，$U_s^*$与$\overline{c_F}$不相关。

7.4.4 策略四

当$(r^*, e^*) = \left(0, \frac{\beta D_0}{4\theta c_S - \beta^2}\right)$时，

$$w^* = \frac{2 c_S D_0}{4\theta c_S - \beta^2} \tag{7-54}$$

$$p^* = \frac{3 c_S D_0}{2(4\theta c_S - \beta^2)} \tag{7-55}$$

$$U_F^* = \frac{\theta(c_S D_0)^2}{4\theta c_S - \beta^2} \qquad (7-56)$$

$$U_S^* = \frac{2\theta(c_S D_0)^2}{4\theta c_S - \beta^2} - \frac{C_S(\beta D_0)^2}{2(4\theta c_S - \beta^2)^2} - M \qquad (7-57)$$

由式（7-54）、式（7-55）、式（7-56）、式（7-57）可知，w^*、p^*、U_F^*、U_S^* 与 $\overline{c_F}$、$\overline{c_S}$ 都不相关。

7.5　数值仿真

本节对7.4小节中有效的三种策略进行仿真处理。在康养产业供应链中，市场现有的固定需求 $D_0 = 100$，供应链中集成商承担社会责任所产生的单位成本 $c_F = 1$，提供商进行服务质量改进而产生的单位成本为 $c_S = 1$，提供商的固有成本 $M = 5$。在这里，令敏感系数 $\alpha = 1$，$\beta = 2$，$\theta = 1$。

7.5.1　策略一情形

策略一情形下的函数关系如下：

$$w^* = \frac{100 + \overline{c_F} + 2\overline{c_S}}{6} \qquad (7-58)$$

$$p^* = \frac{3(100 + \overline{c_F} + 2\overline{c_S})}{12} \qquad (7-59)$$

$$U_F^* = \frac{(100 + \overline{c_F} + 2\overline{c_S})^2}{48} - \overline{c_F} \qquad (7-60)$$

$$U_S^* = \frac{(100 + \overline{c_F} + 2\overline{c_S})^2}{24} - \frac{\overline{c_S}^2}{2} - 5 \qquad (7-61)$$

策略一情形下的仿真如图7-1至图7-5所示。

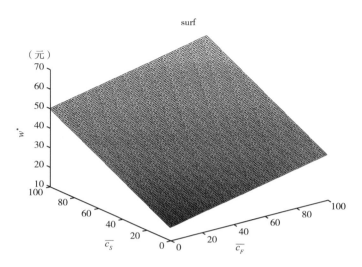

图 7－1　w^* 与 $\overline{c_F}$、$\overline{c_S}$ 的仿真图

资料来源：Matlab 统计输出。

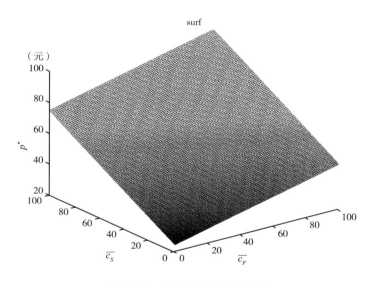

图 7－2　p^* 与 $\overline{c_F}$、$\overline{c_S}$ 的仿真图

资料来源：Matlab 统计输出。

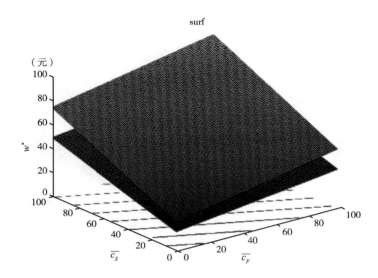

图 7 – 3 w^*、p^* 与 $\overline{c_F}$、$\overline{c_S}$ 的仿真图

资料来源：Matlab 统计输出。

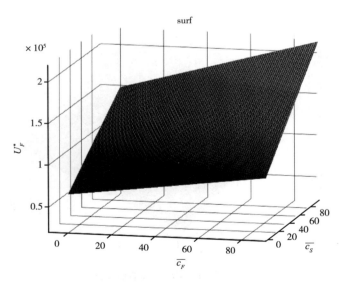

图 7 – 4 U_F^* 与 $\overline{c_F}$、$\overline{c_S}$ 的仿真图

资料来源：Matlab 统计输出。

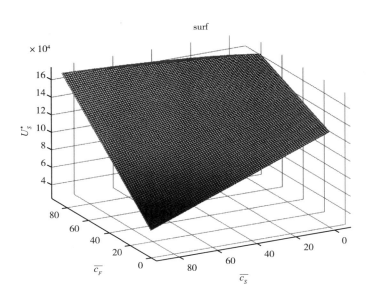

图 7 - 5　U_S^* 与 $\overline{c_F}$、$\overline{c_S}$ 的仿真图

资料来源：Matlab 统计输出。

由图 7 - 1 与图 7 - 2 可知，w^*、p^* 都与 $\overline{c_F}$、$\overline{c_S}$ 正相关。由图 7 - 3 与图 7 - 4 可知 U_F^*、U_S^* 也都与 $\overline{c_F}$、$\overline{c_S}$ 正相关。说明在由多个提供商与集成商组成的康养产业供应链中，在提供商进行服务质量改进的过程中，增加服务质量改进的投资预算上限，也就是提高服务质量改进程度时，不仅会使提供商自身效用增加，同时会使集成商的效用增加。因此若提供商有质量偏好，对服务质量具有高要求，并且愿意为提高服务质量做投入，不仅会提高提供商本身的经济效益，还会为双方带来更多的经济效益，达成合作共赢。此外，根据以上结果显示，集成商承担更多的社会责任时，不仅仅会增加自己的效用值，同时也会增加提供商的效用值。因此在整个康养产业供应链中，提供商或集成商作出的服务质量改进与承担社会责任的行为都同时有利于提供商与集成商双方的利益，为双方带来更多的效用。这表明在康养产业供应链中，提供商与集成商存在互利共赢的关系。其中任意一方所做出的提高服务质量、提高服务品牌影响力、能够增加企业所提供服务的竞争力行为，都会使合作双方的效用值同时增加，在增加自身竞争力和经济效益的同时也会增加双方的经济效益，形成互利共赢的局面。因此在康

养产业供应链中选择合作伙伴时，应选择具有质量偏好、能够对服务质量改进进行投资或能够承担更多社会责任的合作伙伴。图 7-3 将 w^* 与 p^* 的效果图共现，可见 $p^* > w^*$，与现实生活中提供商的销售价格往往低于集成商给予消费者的价格这一事实相符。

在康养行业，能够不断提高康养产业链中的康养条件，并为此投入人力、物力、财力，不断完善康养环境与康养产业中提供商的服务条件，才能够增强康养产业对消费群体的吸引力。进行服务质量改进，意味着完善、增强康养条件，为康养机构增强吸引力、竞争力。同样，康养机构承担更多的社会责任，分担集成商对消费群体的责任，能够增强康养机构的存在感，使目前大众对康养机构产生信任感和共存感，也能够提高康养产业对消费群体的吸引力。如此，提高康养产业供应链中提供商的服务质量与集成商承担的社会责任有利于号召大众参与康养，为康养产业作出进一步开拓。

7.5.2　策略二情形

策略二情形下的函数关系如下：

$$w^* = \frac{100 + 2\,\overline{c_S}}{6} \qquad (7-62)$$

$$p^* = \frac{3(100 + 2\,\overline{c_S})}{12} \qquad (7-63)$$

$$U_F^* = \frac{(200 + 2\,\overline{c_S})^2}{48} \qquad (7-64)$$

$$U_S^* = \frac{(100 + 2\,\overline{c_S})^2}{24} - \frac{\overline{c_S}^2}{2} - 5 \qquad (7-65)$$

策略二情形下的仿真图如图 7-6 所示。

由图 7-6 可知，w^*、p^* 均与 $\overline{c_S}$ 正相关。但 w^* 的增长率小于 p^* 的增长率，且 $w^* < p^*$。此结果与现实情景相符。通常情况下，提供商给予集成商的销售价格相较于集成商给予消费者的销售价格更低，因此集成商有更大的利润空间。此外，由图 7-7 可知，U_F^*、U_S^* 也都与 $\overline{c_S}$ 正相关。但在变化前期，U_S^* 随

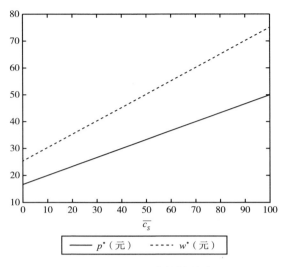

图 7 - 6　w^*、p^* 与 $\overline{c_S}$ 的仿真图

资料来源：Matlab 统计输出。

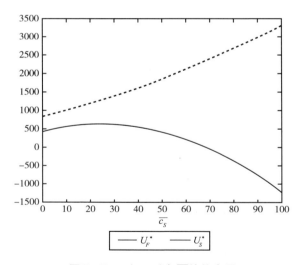

图 7 - 7　U_F^*、U_S^* 与 $\overline{c_S}$ 的仿真图

资料来源：Matlab 统计输出。

$\overline{c_S}$ 的增大而增大，在变化后期，U_S^* 的变化缓慢，最后趋于平稳，即 U_S^* 的增长率逐渐变小。但 U_F^* 的增长率逐渐增大，始终随着 $\overline{c_S}$ 的增大而增大。当 $0 \leqslant \overline{c_S} \leqslant 100$ 时，$U_S^* \geqslant U_F^*$。

可见，在这种策略下，当提供商致力于服务质量改进，并对服务质量改进增加投资预算时，集成商若没有承担过多的社会责任，自身的效用值也会因提供商的服务质量改进投资预算上限的增加而增加。因此在集成商选择提供商时，可选择具有质量偏好，与愿意为服务质量改进进行投资的提供商合作，从而提高自身的经济效益。另外，由于提供商在对服务质量改进进行投资时会产生成本，故在提供商对服务质量改进已经投入一定的资金后，再投入过多的成本不会继续增加提供商的效用值。因此，提供商在进行服务质量改进时，应切忌盲目提高投资预算，进行不必要的成本投入，要针对服务质量的关键问题进行改进，适度进行服务质量的改进，才能获得最优效用值。

7.5.3 策略三情形

策略三情形下的函数关系如下：

$$w^* = \frac{1200 + 12\,\overline{c_F}}{32} \tag{7-66}$$

$$p^* = \frac{3(1200 + 12\,\overline{c_F})}{32} \tag{7-67}$$

$$U_F^* = \frac{(1200 + 12\,\overline{c_F})^2}{48} - \overline{c_F} \tag{7-68}$$

$$U_S^* = \frac{(1200 + 12\,\overline{c_F})^2}{24} - \frac{4\,(100 + \overline{c_F})^2}{128} - 5 \tag{7-69}$$

策略三情形下的仿真图见图 7-8。

由图 7-8 可知，w^*、p^* 与 $\overline{c_F}$ 正相关。且 w^* 的增长率小于 p^* 的增长率，且 $w^* < p^*$。这与策略二中的情形相同。由图 7-9 可知，U_F^*、U_S^* 也都与 $\overline{c_F}$ 正相关。且 $U_F^* \approx U_S^*$。在此种策略下，以集成商为主导，当集成商承担社会责任时，虽然集成商承担社会责任的成本增加，但其效用值也会增加。尽管提供商没有对服务质量改进投入过多的投资，但提供商的效用值也会随集成商的效用值的增大而增大。从提供商的角度来说，提供商的最优服务质量改进的程度与集成商承担社会责任的投资预算成正相关关系，并

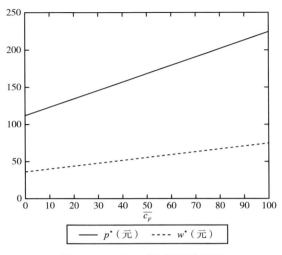

图 7 - 8　w^*、p^* 与 $\overline{c_F}$ 的仿真图

资料来源：Matlab 统计输出。

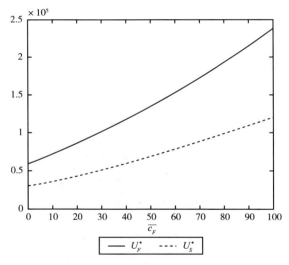

图 7 - 9　U_F^*、U_S^* 与 $\overline{c_F}$ 的仿真图

资料来源：Matlab 统计输出。

需要根据承担社会责任投资预算的上限对决策进行优化。此种策略说明，当提供商选择集成商时，若选择能够承担更多的社会责任的集成商合作，不仅为提供商增强经济效益，也能够为自身进行服务质量改进做铺垫。从提供商的角度来说，若提供商选择能够承担更多社会责任、对消费群体决策影响力较大的康养机构进行合作，能够为自己带来更大的经济效益。从集成商的角度来说，集成商应提高自身承担社会责任的投资预算，即集成商应通过承担社会责任来增加自身对消费群体的影响力，从而不仅仅能够为自身带来更高的经济效益，还能够促进合作方的服务质量改进，为自己的服务提供方增值，同时保障自己的服务供应源头。

7.5.4　三种有效策略对比分析

图 7 - 10 为三种有效策略下 w^* 最优值的共现图，由图 7 - 10 可知 w^* 的最优值的大小关系。当 $CF < 2CS$ 时，$w_3^* > w_1^* > w_2^*$，采取策略三能够使提供商的给予集成商的价格最优值最大。采取策略二时，w^* 的最优值最小，采取策略三时，w^* 的最优值最大。即令 $(r^*, e^*) = \left(\dfrac{\overline{c_F}}{c_F}, \dfrac{\beta(c_F D_0 + \alpha \overline{c_F})}{c_F(4\theta c_S - \beta^2)} \right)$ 时，

$w^* = \dfrac{T}{2\theta c_F(4\theta c_S - \beta^2)}$，能够得到 w^* 的最优值，提供商能够获取最大经济效益。

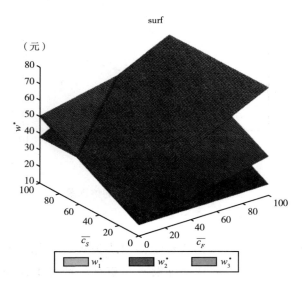

图 7 - 10　三种策略下的 w^* 共现图

资料来源：Matlab 统计输出。

由图 7-11 可知，p^* 最优值的情形与 w^* 最优值的情形相同。采取策略三时，p^* 的最优值最大，采取策略二时，p^* 的最优值最小。即令 $(r^*,e^*) = \left(\dfrac{\overline{c_F}}{c_F},\dfrac{\beta(c_F D_0 + \alpha\,\overline{c_F})}{c_F(4\theta c_S - \beta^2)}\right)$ 时，$p^* = \dfrac{3T}{4\theta\,c_F(4\theta c_S - \beta^2)}$，此时能够得到 p^* 的最大最优值，使集成商获取最大经济效益。

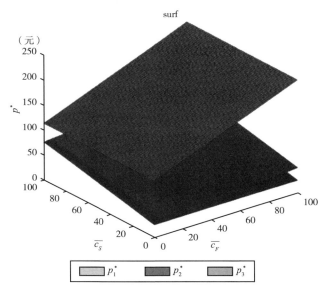

图 7-11　三种策略下的 p^* 共现图

资料来源：Matlab 统计输出。

由图 7-12 可知，采取策略一时，U_F^* 的最优值最大，采取策略二时，U_F^* 的最优值最小。即令 $(r^*,e^*) = \left(\dfrac{\overline{c_F}}{c_F},\dfrac{\overline{c_S}}{c_S}\right)$ 时，$U_F^* = \dfrac{(c_F c_S D_0 + \alpha\,\overline{c_F}c_S + \beta\,\overline{c_S}c_F)^2}{16\theta\,c_F^2 c_S^2} - \overline{c_F}$，能够使集成商的自身效益值最大。

由图 7-13 可知，采取策略三时，U_F^* 的最优值最大，采取策略二时，U_F^* 的最优值最小。则当 $(r^*,e^*) = \left(\dfrac{\overline{c_F}}{c_F},\dfrac{\beta(c_F D_0 + \alpha\,\overline{c_F})}{c_F(4\theta c_S - \beta^2)}\right)$，$U_S^* = \dfrac{T^2}{8\theta\,c_F^2} - \dfrac{C_S\beta^2\,(c_F D_0 + \alpha\,\overline{c_F})^2}{2\,c_F^2(4\theta c_S - \beta^2)^2} - M\right)$ 时，提供商能够获取自身效益最优值。

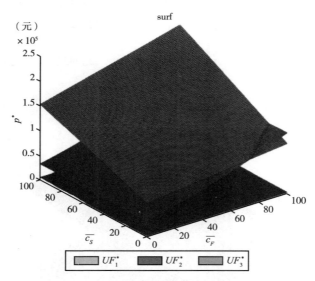

图 7 - 12　三种策略下的 U_F^* 共现图

资料来源：Matlab 统计输出。

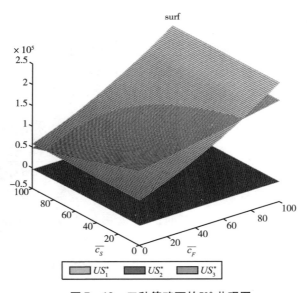

图 7 - 13　三种策略下的 U_S^* 共现图

资料来源：Matlab 统计输出。

7.6　本章小结

本章主要构建了考虑康养服务提供商进行质量改进和康养服务集成商承担社会责任的康养产业供应链的质量控制模型，并根据不同约束条件得到纳什均衡解，根据纳什均衡解选择出三种有效的质量控制策略，并对策略进行数值仿真，得到了以下结论。

（1）康养服务提供商提供给康养服务集成商的价格，与康养服务提供商对服务质量改进的投资预算成正相关关系。

（2）康养服务集成商给予消费者的销售价格与康养服务集成商的社会责任投资预算的上限成正相关关系。

（3）康养服务提供商与康养服务集成商的最优效用值与提供商对进行质量改进所投入的投资预算、康养服务集成商承担社会责任的投资预算，在不同策略下不同条件约束下具有不同程度的相关性。

（4）根据仿真结果可知，在不同约束条件的不同策略下，康养服务提供商与康养服务集成商两者的最优效用值都会随康养服务提供商对服务质量改进的投资与康养服务集成商对承担社会责任的投资的变化而产生变化。康养服务提供商应根据自身情况对服务质量改进作出合理投资，过度的投资并不会使最优效用值增高。康养服务集成商也应量力而行承担一定的社会责任，承担过多的社会责任虽但不会使效用值增加，反而会大幅度增加承担社会责任的成本，导致经济效益下降。

第 *8* 章

总结与展望

8.1 总　　结

在"健康中国 2030"的背景下，康养产业的发展对建设健康中国有着重要作用，提升康养服务质量、优化康养服务供应链是促进康养产业发展的基本保障。本书以康养服务质量与供应链为研究对象，利用TFN – AHP 模型、BP 神经网络、系统动力学、斯坦科尔博格博弈等数学方法，以老年康养服务为例，深入探讨了康养服务质量评价和服务供应链结构，对康养产业服务质量的提升和服务供应链的优化提出政策建议，为后续研究奠定基础。

本书从定性和定量的角度对康养产业服务质量和供应链进行了研究，包括康养服务质量评价模型研究、康养服务质量评价模型优化研究、康养服务供应链结构分析以及基于质量改进和社会责任的康养服务供应链优化研究几方面。第 1、第 2 章对研究背景和相关概念、理论等进行简要介绍。第 3 章对康养服务及服务供应链等内容行了分析。第 4 章基于 SERVQUAL模型，以老年康养服务为例，建立康养服务质量评价指标体系。第 5 章使用因子分析法和 BP 神经网络优化了康养服务质量评价指标，并进行了实证分析。第 6 章建立了康养产业服务供应链系统动力学模型，分析了其动态结构及当前存在的问题。第 7 章基于社会责任和质量改进对康养产业服务供应链进行改进。主要内容总结如下。

（1）康养服务质量评价。以老年康养服务为例，通过对当前康养服务实际内容分析，运用 SERVQUAL 模型从可靠性、保证性、响应性、有形性、移情性、可接受性建立康养服务质量评价指标体系，采用 TFN – AHP 模型确定康养服务质量评价指标权重，得出可靠性、保证性权重占比最高，进一步可以通过调查问卷对用户满意度进行调查，最终对得分较低的指标进行有针对性的改进。

（2）康养服务质量模型优化。三角模糊数在一定程度上降低了使用层次分析法中专家打分时主观性的影响，为了使评价结果更加精确，本书进一步利用 BP 神经网络优化评价模型，提高评价模型准确度，为提升服务质量寻求科学依据。

（3）康养服务供应链结构研究。本书以老年康养服务供应链为例，将康养产业服务供应链系统分为康养服务供应商、康养服务集成商和老年人三个子系统，运用 Vensim 软件构建康养服务供应链系统动力学模型，通过 Dynamo 仿真老年康养服务供应链的动态结构，分析当前老年康养服务供应链存在的问题。

（4）康养服务供应链优化。针对当前康养服务质量及服务供应链中存在的问题，从质量改进和社会责任两方面着手，求解考虑康养服务提供商的质量改进和社区作为康养服务集成商的社会责任的康养服务供应链质量控制模型的纳什均衡解，根据纳什均衡解选择出三种有效的质量控制策略，并对策略进行数值仿真。提出"以需求为导向"的康养服务质量提升和服务供应链优化策略，为康养服务发展提供新思路，促进康养产业快速发展。

8.2 展　望

本书对康养服务及服务供应链进行了系统的分析，根据仿真分析结果提出康养服务质量提升和供应链优化建议，为康养服务机构和相关政府管理部门提供参考。但目前的工作仍有一些不足之处，需要进一步深化研究。

（1）康养服务质量评价指标体系建立中，本书从 4 类康养服务的 6 个维度设置了评价指标体系，但在实际中康养服务的种类还有很多，且不同地区的经济水平存在差异，造成服务内容也有所不同，一些个性化的康养服务内容没有被考虑在内。针对不同研究问题和背景，建立的指标体系也各不相同。后续研究中应进一步拓展指标体系维度，提高指标体系的普适性。

（2）在康养服务质量评价模型优化的研究中，本书收集了老年人对康养服务质量的满意度，验证了所建立模型的有效性，下一步研究将进一步扩大样本范围，在不同发达程度、不同城市规模、不同老龄化程度城市的老年人对老年康养服务质量满意度进行调研，使结果更加贴近全国康养服务实际情况。

（3）本书中构建的康养服务供应链系统动力学模型，没有考虑多种经营模式下对康养服务供应链结构的影响。在下一步的研究中，将加入政府及非营利组织子系统构建康养服务系统动力学模型，全方位考虑政府政策对康养服务供应链的影响。

（4）本书根据建立的质量控制模型计算了考虑质量改进和考虑社会责任的康养服务供应商和集成商的纳什均衡解，并选择出三种质量控制策略进行了仿真分析，为服务质量的改进和政策建议的提出提供了理论基础，但本书没有通过实证分析对模型进行检验，在进一步的研究中将收集实际数据对模型进行实证分析。

"健康中国"是一项国家重大战略，随着人们对康养服务需求的不断增加，对康养服务质量与服务供应链的优化愈加重要。通过深入了解康养服务供应链结构的演变规律，可以帮助相关部门优化服务资源配置，减少资源浪费，引导康养服务质量提升和服务供应链优化，提升人民健康水平和幸福感。

参 考 文 献

［1］蔡中华，王一帆，董广巍．城市社区养老服务质量评价——基于粗糙集方法的数据挖掘［J］．人口与经济，2016（4）．

［2］陈福集，肖鸿雁．基于改进 ABC－BP 模型的网络舆情热度预测研究［J］．图书馆学研究，2018（9）．

［3］陈焕标．港口供应链及其构建（上）［J］．水运管理，2009，031（10）．

［4］陈剑，肖勇波．供应链管理研究的新发展［J］．上海理工大学学报，2011，33（6）．

［5］陈树文，牟娉婷．基于模糊综合评价法的城市社区居家养老服务质量评价研究——以大连市沙河口区为例［J］．教育教学论坛，2014（41）．

［6］陈帅，梁昌勇，赵树平．服务供应链模式下居家养老服务提供商组合选择研究［J］．科技促进发展，2019，15（10）．

［7］陈晓华．智慧养老服务供应链模型构建及运行机制研究［J］．科技与管理，2020，22（1）．

［8］陈心仪．我国森林康养产业发展现状与展望［J］．山西财经大学学报，2021，43（S1）．

［9］迟美娜．精益服务——精益思想在服务运作中的应用研究［D］．天津：天津科技大学，2005．

［10］储昭辉，储文静，徐立祥，许小超．基于 AHP－BP 神经网络的城市移动图书馆服务质量评价优化模型构建［J］．图书馆学研究，2020（10）．

［11］单奕．城市社区居家养老服务质量定性分析［J］．现代交际，

2015（1）.

[12] 杜祥，杜学美，邵鲁宁. 医疗服务供应链的价值分析与管理模式 [J]. 上海质量，2008（3）.

[13] 范建昌，倪得兵，唐小我. 企业社会责任与供应链产品质量选择及协调契约研究 [J]. 管理学报，2017，14（9）.

[14] 付秋芳，林琛威. 我国金融证券服务供应链体系结构研究 [J]. 国际经贸探索，2008，024（11）.

[15] 高秋萍，韩振燕."互联网＋"背景下居家养老服务供应链的构建——以江苏省为例 [J]. 长江论坛，2019（3）.

[16] 国家发展改革委员会. 关于建立积极应对人口老龄化重点联系城市机制的通知 [R]. 中华人民共和国国家发展和改革委员会网站，2021.1.14.

[17] 何莽. 基于需求导向的康养旅游特色小镇建设研究 [J]. 北京联合大学学报（人文社会科学版），2017，15（2）.

[18] 何莽. 中国康养产业发展报告（2018）[M]. 北京：社会科学文献出版社，2019.

[19] 胡光景. 政府购买社区居家养老服务质量评估体系研究 [J]. 山东工商学院学报，2012，26（5）.

[20] 胡贤德，曹蓉，李敬明，阮素梅，方贤. 小微企业信用风险评估的 IDGSO－BP 集成模型构建研究 [J]. 运筹与管理，2017，26（4）.

[21] 黄丽丽，毛慧萍，刘海华，陈裴斐. 基于服务质量差距模型的机构养老服务质量评价与思考 [J]. 医院管理论坛，2020，37（7）.

[22] 纪伟. 服务质量激励下社区养老服务供应链协调机制研究 [D]. 广州：华南理工大学，2019.

[23] 金立印. 服务供应链管理、顾客满意与企业绩效 [J]. 中国管理科学，2006，14（2）.

[24] 李后强. 生态康养论 [M]. 成都：四川人民出版社，2015.

[25] 李坚飞，孙梦霞，任理. 新零售服务供应链线下服务质量稳态的动力机制 [J]. 系统工程，2018，36（6）.

［26］李建丽，徐凯，真虹．港口供应链的价值链体系分析［C］//第十一届中国管理科学学术年会，2009.

［27］李伟霞，李忱．大系统视角下"互联网＋老年康养体系"的构建［J］．系统科学学报，2021，29（2）.

［28］李亚军，周明，赵祎乾，吴天宇，李瑞琪．基于ERG需求的社区＋居家一体化养老服务模型构建［J］．装饰，2019（10）.

［29］李梓雯，彭璐铭．依托国家森林公园发展森林康养旅游的探讨——以浙江雁荡山国家森林公园为例［J］．林产工业，2017，44（11）.

［30］廖楚晖，甘炜，陈娟．中国一线城市社区居家养老服务质量评价［J］．中南财经政法大学学报，2014（2）.

［31］陈树文，牟娉婷．基于模糊综合评价法的城市社区居家养老服务质量评价研究——以大连市沙河口区为例［J］．教育教学论坛，2014（41）.

［32］刘丽文．论服务运作管理的特殊性［J］．清华大学学报：哲学社会科学版，1999（2）.

［33］刘淇．老龄化背景下城市社区养老需求及服务供给状况分析与完善［J］．赤子（上中旬），2015（12）.

［34］刘伟华，季建华，王振强．基于服务产品的服务供应链设计［J］．工业工程，2008，11（4）.

［35］柳键，舒斯亮．政府与民办养老机构互动机理及管理策略研究［J］．华东经济管理，2013，27（10）.

［36］陆杰华，周婧仪．基于需求侧视角的城市社区居家养老服务满意度及其对策思考［J］．河北学刊，2019，39（4）.

［37］马丽萍．中华人民共和国民政部．家庭养老床位：需求引领 创新驱动 支撑家庭养老功能［N］．中国社会报，2021.3.11

［38］马跃如，刘旖旎，易丹．基于扎根理论的养老服务供应链风险识别分析［J］．财经理论与实践，2020，41（1）.

［39］马跃如，易丹，胡韩莉．基于服务质量控制的养老服务供应链协调研究［J］．管理工程学报，2020，34（4）.

［40］攀枝花广播电视台．第五届中国康养产业发展论坛在攀枝花市隆重开幕［EB/OL］．https：//www.sohu.com/a/445402817_365159．

［41］彭春梅．广聚智慧和力量探索中国康养产业发展新路径［N］．攀枝花日报，2014-12-08（3）．

［42］秦利，潘怡然．改进BP神经网络下的养老保险介入风险评估系统［J］．现代电子技术，2020，43（24）．

［43］任宣羽．康养旅游：内涵解析与发展路径［J］．旅游学刊，2016，31（11）．

［44］任宗伟，刘传庆．基于SD的社区居家养老服务供应链服务质量模型研究［J］．企业经济，2019（9）．

［45］桑秀丽，李金蔓，肖汉杰等．基于政府补贴的养老服务供应链资源分配研究［J］．经济与管理评论，2016（5）．

［46］沈阳，王杉杉，方纪元，王晓晓，郭清．医养结合型养老机构卫生服务质量的综合评价研究［J］．卫生软科学，2021，35（5）．

［47］石园，纪伟，张智勇，赵俊．基于差异化服务内容的社区养老服务需求与供给协调机制研究［J］．人口与发展，2019（3）．

［48］舒斯亮．基于公平关切的服务供应链运营策略研究［D］．南昌：江西财经大学，2015．

［49］宋凤轩，丁越，尤扬．基于SERVQUAL模型的城镇社区养老服务质量测评与提升对策［J］．经济研究参考，2014（52）．

［50］宋华，于亢亢．服务供应链的结构创新模式——一个案例研究［J］．商业经济与管理，2008（7）．

［51］宋丽梅，张如勇．城郊乡村发展康养产业的驱动力分析［J］．中国果树，2021（4）．

［52］孙兆阳，戈艳霞，张博．居家养老服务供给对老年人养老满意度影响研究——基于8省市调查数据的分析［J］．中共中央党校（国家行政学院）学报，2021，25（1）．

［53］孙紫依，谢志杰，陈丹丹，邱敏，卞忆莲．"互联网＋"养老服务需求及供给分析［J］．现代商贸工业，2019，40（34）．

［54］谭哲煜，王秀华，欧阳煜，杨琛．家庭医生制度背景下社区居家养老服务及质量评价研究［J］．护理学杂志，2018，33（24）．

［55］汪汇源我国康养产业现状及海南康养产业对策研究［J］．农业科研经济管理，2020（1）．

［56］王建云，钟仁耀．基于年龄分类的社区居家养老服务需求层次及供给优先序研究——以上海市J街道为例［J］．东北大学学报（社会科学版），2019，21（6）．

［57］王立剑，凤言，王程．养老机构服务质量评价研究［J］．人口与发展，2017，23（6）

［58］王其藩．高级系统动力学［M］．北京：清华大学出版社，1995．

［59］王一烜．基于服务供应链的创新养老服务模式运营探究［J］．生产力研究，2012（10）．

［60］王媛．健康视域下社区居家养老服务质量评价研究［D］．上海：上海工程技术大学，2020．

［61］温海红，王怡欢．居家社区养老服务质量及其影响因素分析——基于陕西省三市调查数据［J］．河北大学学报（哲学社会科学版），2019，44（2）．

［62］吴甜甜．基于服务供应链的创新养老服务模式运营研究［J］．才智，2018（33）．

［63］邢鹏．考虑质量偏好和社会责任的服务供应链质量控制策略研究［D］．沈阳：东北大学，2017．

［64］邢鹏，张翠华，李春雨．考虑社会责任和质量努力的服务供应链最优策略［J］．东北大学学报（自然科学版），2017，38（6）．

［65］徐茜．考虑企业社会责任的供应链协调机制［J］．物流科技，2020，43（12）．

［66］徐倩，尹欣欣．基于医养结合的农村养老服务质量评价——以青岛市为例［J］．护理研究，2020，34（19）．

［67］许琳，赵明星．城市居家养老服务可获得性评价体系——基于因子分析和层次分析法［J］．西北大学学报（哲学社会科学版），2017，47（6）．

[68] 杨复卫．税收优惠激励养老产业发展的法律效果评估 [J]．大连理工大学学报（社会科学版），2020，41（4）．

[69] 于亢亢．服务供应链的模型与构建 [J]．江苏商论，2007（21）．

[70] 曾小燕，周永务，钟远光等．线上线下多渠道销售的酒店服务供应链契约设计研究 [J]．南开管理评论，2018（2）．

[71] 张翠华，邢鹏，王语霖．考虑质量偏好的两阶段服务供应链质量控制策略 [J]．运筹与管理，2017，26（4）．

[72] 张海川，张利梅．个性化养老服务需求的调查分析——以成都市为例 [J]．首都经济贸易大学学报，2017，19（1）．

[73] 张丽娜．社区养老服务供应链的构建及管理实施 [D]．广州：华南理工大学，2012.

[74] 张明莉，房俊峰．河北省秦皇岛产业结构高度化分析 [J]．环渤海经济瞭望，2010（3）．

[75] 张明莉，李冉．基于罗吉斯蒂增长模型对我国未来城市化水平的预测 [J]．河北经贸大学学报，2014（6）．

[76] 张明莉．促进产业集群发展的地方政府行为研究 [J]．河北学刊，2011，31（1）．

[77] 张洋，林楠，吴成亮．我国森林康养产业的供需前景分析 [J]．中南林业科技大学学报（社会科学版），2019，13（1）．

[78] 张智勇，吕嘉欣，石永强．基于奖惩契约的养老服务供应链质量控制协调 [J]．工业工程，2016，19（5）．

[79] 张智勇，赵俊，石永强，石园，杨磊．养老服务供应链中服务提供商的选择 [J]．统计与决策，2014（4）．

[80] 张智勇，赵俊，石永强．养老服务供应链创新模式：绩效评价与优化策略—基于广州荔湾区的调查 [J]．商业研究，2013（8）．

[81] 张智勇，赵俊，石园．养老服务集成商的服务质量决策分析 [J]．管理工程学报，2015，29（2）．

[82] 张智勇．基于SLC－SVM的养老服务供应链服务质量风险识别

[J]．系统科学学报，2015（2）．

[83] 章晓懿，刘帮成．社区居家养老服务质量模型研究——以上海市为例 [J]．中国人口科学，2011（3）．

[84] 章晓懿，梅强．影响社区居家养老服务质量的因素研究：个体差异的视角 [J]．上海交通大学学报（哲学社会科学版），2011，19（6）．

[85] 赵娜，方卫华．供给侧改革背景下城市机构养老服务评价及优化——基于服务质量差距模型的视角 [J]．河南师范大学学报（哲学社会科学版）．2017，44（6）．

[86] 郑贵军，段菁阳，刘俊昌．森林康养产业发展的动力机理研究 [J]．中南林业科技大学学报（社会科学版），2019，13（2）．

[87] 中华人民共和国国家统计局．第七次全国人口普查公报 [R]．国家统计局网站，2021.5.11.

[88] 中华人民共和国国务院．工业和信息化部办公厅、民政部办公厅、国家卫生健康委员会办公厅《关于开展第四批智慧健康养老应用试点示范的通知》[R]．中华人民共和国民政部网站，2020.7.17.

[89] 中华人民共和国国务院．关于促进养老托育服务健康发展的意见 [R]．中华人民共和国中央人民政府网站，2020.12.31

[90] 中华人民共和国中央人民政府．国务院办公厅关于印发社会养老服务体系建设规划（2011–2015年）的通知 [R]．中华人民共和国中央人民政府网站，2011.11.27.

[91] 中华人民共和国中央人民政府．以医养结合打通健康养老"最后一公里" [R]．中央政府门户网站，2015.11.21.

[92] 周花，陈焕．浅析旅行社供应链管理 [J]．当代经济（下半月），2007（12）．

[93] 周金华，朱建军，张玉春．基于系统动力学的大型客机供应链质量管控契约优化 [J]．控制与决策，2020，35（1）．

[94] 朱亮，杨小娇，张倩，汪凤兰，张小丽，邢凤梅．医养结合社区居家养老中心供给服务质量评价指标体系的构建研究 [J]．中国全科医学，2019，22（2）．

［95］Akkermans H，Vos B. Amplification in services supply chains：An exploratory case study from the telecom industry ［J］．Production & Operations Management，2003，13（2）．

［96］Andersen R M. Revisiting the behavioral model and access to medical-care：Does itmatter ［J］．International Journal of Selection and Assessment，2000，36（3）．

［97］Bernhard J A，Marion C A. System dynamics mod-eling in supply chain management：research review ［A］．Proceedings 2000 Winter Simulation Conference ［C］．2000．

［98］Castle N G. Nursing home caregiver staffing levels and quality of care a literature review ［J］．Journal of Applied Gerontology，2008，27（4）．

［99］Chamberlain S A. Influence of organizational context on nursing home residents socialengagement ［J］．2017．

［100］Dirk de Waart，Steve Kremper. 5 steps to service supply chain excellence ［J］．Supply Chain Management，2004（1）．

［101］Dr. Ian Philp，William J Mutch. Comparison of care in private nursing homes，geriatric and psycho geriatric hospitals ［J］．International Journal of Geriatric Psychiatry，2004．

［102］Ellram L M，Tate W L，Billington C. Understanding and Managing the Services Supply Chain ［J］．Journal of Supply Chain Management，2004，40（3）．

［103］Forrester J W. Industrial dynamics：A breakthrough for decision makers ［J］．Harvard Business Review，1958（4）．

［104］Goodrich J N，Goodrich G E. Health-care tourism：An exploratory study ［J］．Tourism Man-agement，1987，8（3）．

［105］Hu X，Tang Y. Integrated tourism service supply chain management：Concept and operations processes ［C］．International Conference on Neural Networks and Signal Processing. IEEE，2008．

［106］Kim Gil-Young，Choi Min-Seub. A study on the effects of the facility spaces and welfare services for the elderly users satisfaction of the senior welfare center-Focused on Seoul city area [J]. Journal of the Residential Environment Institute of Korea, 2013, 11 (2).

[107] Krout J A. Seasonal migration of the elderly [J]. The Gerontologist, 1983, 23 (3).

[108] Kuhn M, Nuscheler R. Optimal public provision of nursing homes and the role of information [J]. Journal of Health Economics, 2011, 30 (4).

[109] Lapré, Ludwig F A. Service quality in nursing homes: a construct, measurement and performance model to increase client focus [J]. University of Bradford, 2013.

[110] Mueller C, Arling G, Kane R. Nursing home staffing standards: Their relationship to nurse staffing levels [J]. Gerontologist, 2006 (46).

[111] Natalie L, Gozalo P, Joan M T, Mor V. Falls in newly admitted nursing home residents: A national study [J]. Journal of the American Geriatrics Society, 2012, 60 (5).

[112] Niu W J, Luo D T, Lu F. Contracting and coordination in tourism service supply chain under service providers' competition [C]. International Conference on Management Science and Engineering. IEEE, 2013.

[113] Per Gustafson. Tourism and seasonal retirement migration [J]. Annals of Tourism Research, 2002, 29 (4).

[114] Skelley B D. Retiree-Attraction Policies: Challenges for Local Governance in Rural Regions [J]. Public Administration & Management, 2004, 9 (3).

[115] Taylor S A. Measuring service quality: Areexamination and extension [J]. Journal of Marketing, 1992, 56 (7).

[116] Waart D D, Kremper S. 5 steps to service supply chain excellence [J]. Supply Chain Management, 2004 (1).

[117] Yan F, Dong Q. Three collaborative operation modes of logistics service supply chain [A]. International Conference on Management Science and

Service Science，2009（9）.

［118］Yu W，Zhenyun L，Tingting L. Research on community pension service quality evaluation based on SERVQUAL model and its influencing factors ［J］. Nursing Research of China，2017.

［119］Zhang M，Qin S，Zhu X. Information diffusion under public crisis in BA scale-free network based on SEIR Model——Taking COVID-19 as an example ［J］. Physica A：Statistical Mechanics and its Applications，2021：571.

［120］Zhang M，Zhang Y，Gao Z et al. An Improved DDPG and Its Application Based on the Double-Layer BP Neural Network ［J］. IEEE Access，2020：99

［121］Zhang M，Zhang Y，Qin S et al. Empirical study on the impact of major asset restructuring on the price of sub-new stocks in Chinese A-shares ［J］. International Journal of Finance & Economics，2020.

后　　记

在"健康中国"战略下，康养服务的需求不断增大，康养产业已经成为新时代经济增长的重要引擎。本书对康养服务的服务质量及服务供应链进行了系统的分析，根据仿真分析结果提出质量提升和供应链优化建议，为康养服务机构和相关政府管理部门提供参考。为了使本书为更多的读者所接受，我们在撰写的过程中，有取舍地对材料进行了组织和整理，但仍难免存在不能满足读者期望的地方，对此我们深表歉意并欢迎批评指正。

本书为作者张明莉在 2021 年承担的河北省社会科学基金项目"河北省中医药融入康养产业发展路径与模式研究"（项目编号：HB21YJ001）的阶段性成果。感谢在本书撰写过程中付出努力的各位人员使本书的写作顺利完成；感谢河北省社会科学基金的资助，我们将在以后的科研过程中进行完善与突破；感谢经济科学出版社的各位编辑，他们卓越的眼光和审时度势的智慧，使本书顺利出版。

欢迎读者对本书进行指正、讨论。